BAJESVOLK

BAJESVOLK

Mikhail Khodorkovsky

Vertaald uit het Russisch door Ineke Zijlstra
Geredigeerd door Paul van der Woerd

© 2013, Mikhail Khodorkovsky
© 2014, MBK IP Limited
Foto door Tatiana Makeeva

Boekontwerp door Max Mendor

© 2014, Uitgeverij Glagoslav

www.glagoslav.com

ISBN: 978-94-91425-61-5
ISBN: 978-1-80484-065-8

Op dit boek rust copyright. Niets uit deze uitgave mag worden verveelvoudigd, opgeslagen in een geautomatiseerd gegevensbestand en/of openbaar gemaakt in enige vorm of op enige wijze, zonder voorafgaande schriftelijke toestemming van de uitgever, noch anderszins worden verspreid in een andere band of omslag dan die waarin het is gepubliceerd, zonder dat een soortgelijke voorwaarde, inclusief deze voorwaarde, aan de volgende afnemer wordt opgelegd.

Mikhail Khodorkovsky

BAJESVOLK

UITGEVERIJ GLAGOSLAV

INHOUD

KOLJA 5
'DAAR ZITTEN ZE' 8
ALEKSEJ 12
DE BEWAKERS 15
SCHULDIGEN ZONDER SCHULD 19
DE GETUIGE 24
DE RECHERCHEUR 28
DE VERKLIKKER 32
DAKLOOS 36
UITSCHOT 39
DE ZELFMOORDENAAR 42
HET VERHAAL VAN ROMA 45
'HET ONDERZOEK ZAL ALLES DUIDELIJK MAKEN' 48
DE DIEF 52
DE RAT 55
TWEE KANTEN VAN WETTELOOSHEID 59
DE VADER 62
VERSLAAFD 64
VERRAAD 67
DE NAZI 71
AMNESTIE 76

KOLJA

Na zoveel jaar in de gevangenis ben ik niet bepaald geneigd om de mensen die ik daar ontmoet heb te idealiseren. Maar veel van de gedetineerden houden er principes op na. Of die principes volgens de maatschappij de juiste zijn? Soms. Maar het zijn juist principes waarvoor mensen bereid zijn te lijden: echt te lijden.

Op een goede dag heb ik het genoegen Nikolaj, een onopvallende jongen, uit te zwaaien. Hij zat vast op grond van een zogenaamde 'volksparagraaf' en wel drugsbezit. De gevangenisbevolking bestaat voor bijna de helft uit zulke jongens.

Het is duidelijk dat hij terug zal komen, hij heeft al vijf van de drieëntwintig jaren die hij jong is achter het prikkeldraad doorgebracht. En hij is niet van plan om het in zijn verdere leven anders aan te pakken. De jongen is beslist niet dom, maar wel groot geworden met het idee een nutteloze paria te zijn en gewend deze gedachte te bestrijden in het gezelschap van net zulke paria's.

Een halfjaar gaat voorbij en dan ontmoet ik Kolja opnieuw, maar nu loopt er een huiveringwekkend litteken over zijn buik.

'Kolja, wat is er gebeurd?'
'Ach, ik ben weer gepakt met dope.'

Hij aarzelt maar komt dan toch met het verhaal dat ooggetuigen later zullen bevestigen. Nadat hij als recidivist weer opgepakt is, besluiten de rechercheurs hem nog maar een zaak in de schoenen te schuiven. Gesprekken in die trant komen veel voor en worden tamelijk openlijk gevoerd: 'Je krijgt er maar twee jaar bovenop, dat vragen we aan de rechter, jij neemt een of andere beroving op je en in ruil daarvoor krijg je bezoek of mag je zelf je strafkamp kiezen.' Meestal gaat het om het jatten van een mobieltje van deze of gene. Kolja denkt niet lang na en gaat akkoord. Maar voor de identificatie komt opeens een oud vrouwtje opdagen dat door een of andere schoft van een tasje met tweeduizend roebel beroofd is. Het mensje kan zich natuurlijk niets herinneren, maar 'identificeert' zonder mankeren de persoon die de rechercheurs aanwijzen.

Dan zet Kolja de hakken in het zand: 'Ik heb nog nooit een oud mens pijn gedaan, alleen leeftijdgenoten. Een bejaarde beroven van haar laatste centen, dat onderteken ik niet, nooit! Al vermoord je me!' De rechercheurs staan perplex. 'Maar Kolja, dat is voor de wet hetzelfde. De boete en de strafperiode is gelijk. Waar maak je je druk om? We kunnen het hele spel toch niet overdoen vanwege jouw kuren?'

'Nee.' Kolja houdt voet bij stuk.

Ze brengen hem naar de cel, om na te denken. Maar eerst slaan ze hem voor de goede orde enigszins in elkaar.

Korte tijd later klopt Kolja op zijn celdeur. Ze maken het etensluikje open: Kolja heeft zichzelf opengesneden, en niet zo'n beetje, zijn darmen gutsen eruit. Je reinste harakiri. Het litteken is een vinger dik en loopt over zijn halve buik.

Terwijl de artsen toesnellen proberen zijn celgenoten zijn ingewanden weer terug te stoppen.

Hij wordt als door een wonder gered. Hij is nu invalide, maar klaagt niet: 'Als ze dat tasje van die oude vrouw aan mij hadden gehangen, was ik ook doodgegaan'. Daarmee doelt hij op zijn zelfrespect: zonder kun je volgens hem niet leven.

Ik kijk naar die jongen met zijn lange strafblad en denk met bitterheid aan de velen die in vrijheid leven en hun eer beduidend minder hoog hebben zitten en die er geen been in zien om een bejaarde van een paar duizend roebel te beroven. Dat weten ze met mooie woorden goed te praten. Ze schamen zich er niet voor.

En onwillekeurig ben ik trots op Kolja.

'DAAR ZITTEN ZE'

Het is bekend dat de gevangenis een plek is waar je de vreemdste figuren tegenkomt. Ik heb in mijn tijd daar een stroom van hoogst interessante levensverhalen en types zien voorbijkomen.

Ik vind het vaak letterlijk huiveringwekkend te zien hoe een mensenleven wordt verspild alsof het niets waard is. Als mensen niet eigenhandig hun toekomst verwoesten, doet een zielloos systeem dat wel. Ik ga proberen over een aantal mensen en voorvallen te vertellen, waarbij ik hier en daar details en namen verander, rekening houdend met de levensomstandigheden van mijn helden. Het wezen van de karakters en situaties laat ik zoals ik ze uit eigen ervaring heb leren kennen.

Zo bracht het gevangenisleven een dertigjarige man op mijn pad, die terechtstond wegens drugsbezit.

Sergej heeft als drugsverslaafde een lange staat van dienst, hoewel dat nauwelijks aan hem te merken is. Hij ziet er iets jonger uit dan hij is, hij is beweeglijk en goed opgeleid. Van moederskant heeft hij zigeunerbloed, zijn vader is Russisch, wat in cultureel opzicht een bijzonder interessante situatie oplevert. Zijn moeder moest haar kamp verlaten en werkt als röntgenoloog in een ziekenhuis.

Sergej spreekt een zigeunertaal, kent de tradities, gaat met andere zigeuners om maar ziet zichzelf niet als een van hen. Hij gebruikt al heel lang drugs, net als de meeste jongeren in de kleine stad waar hij vandaan komt. Maar de medische basisprincipes zijn hem met de paplepel ingegoten en hij heeft een sterke wil. Vandaar dat hij er scherp op let dat het spul zuiver is, dat hij gezond eet en regelmatig enkele weken stopt met gebruiken om zo de dosis te verlagen.

In feite heeft hij ook zelf om een plek in mijn cel gevraagd voor zijn 'reguliere ontwenningskuur', omdat volgens hem de rest van de gevangenis daar niet geschikt voor is. De eerste dagen vallen hem duidelijk zwaar, daarna gaat het beter en vertelt hij zijn verhaal, dat lijkt op dat van tientallen anderen: hij gebruikte drugs die hij altijd bij dezelfde dealer kocht, de politie eiste van hem de leverancier te verlinken en dat weigerde hij. Dus namen ze hem te grazen en pakten hem op als drugsdealer. Nu loopt hij bij de rechtbank en krijgt hij waarschijnlijk acht tot twaalf jaar, terwijl hij nooit gedeald heeft. Er zijn gemerkte bankbiljetten bij hem 'gevonden' en waar de drugs vandaan kwamen blijft onduidelijk.

Dit soort sprookjes heb ik al veel meer gehoord. Ik knik beleefd en daarmee is het gesprek afgelopen.

Er gaan enkele dagen voorbij. Onverwacht komt Sergej terug van de rechtbank, hij is duidelijk in shock. Het blijkt dat ze een getuige opgeroepen hebben, degene die hem indertijd in de val gelokt heeft. De man is vijftig. Hij is eveneens gearresteerd voor het een of ander en in het gevangenisziekenhuis onderzocht: daar wordt een ongeneeslijke ziekte bij hem geconstateerd. In de getuigenbank schildert hij zijn situatie. Hij verklaart: 'Gezien de tijd die ik moet uitzitten zal ik wel in de bajes sterven. Dat duurt niet lang meer. Ik heb heel wat misdaden op mijn geweten en wil er niet nog een plegen. Ik zal de waarheid vertellen, ook al vermoorden ze me erom, ik heb geen angst meer.' En de daarop volgende veertig minuten vertelt hij hoe hij mensen erin luisde, hoe hij in opdracht van de politie drugs verkocht, hoe hij het geld afgaf en hoe concurrenten en de cliënten van die concurrenten uit de weg werden geruimd. Het publiek dringt vanuit de hal de zaal in. Iedereen luistert ademloos naar die huiveringwekkende biecht. De man wijst met zijn vinger naar de rechercheurs tegenover hem: 'Daar zitten ze.' Die staan op en proberen weg te komen. De parketwachter verhindert dat en zegt: 'Misschien laat de rechter u arresteren.' De rechter onderbreekt de zitting en laat de zaal ontruimen. Enkele minuten later komt Sergejs advocaat in de cel en zegt: 'Je moet bij de rechter komen. Wat wil je?'

'De vrijheid natuurlijk.'

'Dat gebeurt niet,' zegt de advocaat en gaat weg. Een uur later komt hij terug.

'Je kunt zes jaar krijgen.'

'Dat doe ik niet.'

De advocaat vertrekt en komt al snel terug.

'Drie jaar, je hebt er al een jaar opzitten en komt vervroegd vrij.'

'Deal.'

'En nu?' vraag ik Sergej.

'Drie jaar, de uitspraak is morgen. Of had ik het harder moeten spelen?'

'Nee, je hebt een goede beslissing genomen. Zo werkt het systeem nou eenmaal.'

'Morgen' brengt drie jaar en uitzicht op een voorwaardelijke invrijheidstelling. Een week later nemen we afscheid. Hij is ervan overtuigd dat hij terug kan naar zijn werk bij het spoor. Hij stopt met gebruiken. Ik wens hem succes.

Zo zit het systeem in elkaar. Zo zijn de mensen. Ze gaan tot de grens. Over de grens. Een grens die ons allemaal op enig moment wacht.

ALEKSEJ

Vandaag de dag roept pedofilie heftige maatschappelijke emoties op. Dat is niet verwonderlijk. Pedofilie is echt een afschuwelijk fenomeen. Dat is wat je krijgt als perverse en overprikkelde geesten zichzelf boven de wet verheven voelen.

Politici gebruiken gewoonlijk elke situatie om hun populariteit te vergroten, zo ook hier. Maar het systeem van arrestantenquota, gepaard aan het ontbreken van iedere reële rechtsbescherming, brengt minstens zulke monstruositeiten voort.

Ik ken een jonge man die een straf uitzit voor pedofilie. Zijn verzoeken tot voorwaardelijke invrijheidstelling of strafvermindering worden stelselmatig geweigerd.

Aleksej kwam op negentienjarige leeftijd in de gevangenis. Nu is hij tweeëntwintig, een jonge en sympathieke kerel zonder tatoeages en andere bajesmerktekens. Hij werkt keihard en verricht wonderen op de oude draaibank.

Zijn verhaal is niet ingewikkeld: als puber werd hij voorwaardelijk veroordeeld. Voor roof. Op zich niets bijzonders: met zijn dronken kop jatte hij een mobieltje van een kennis. Een uur later werd hij aangehouden. Hij kreeg vier jaar voorwaardelijk.

Nu nog raakt hij in verlegenheid als ik hem 'struikrover' noem en hem vraag naar het waarom.

ALEKSEJ

Hij schaamt zich en wil er zelfs niet over praten

Twee jaren gingen voorbij, hij deed een opleiding. Toen hij achttien was ontmoette hij in een discotheek een meisje, ze was nog minderjarig. Ze gingen samenwonen. Bij haar ouders in huis. Ze wilden trouwen zodra het kon. Maar toen werd er een campagne tegen pedofilie gestart. Het was zo'n klein stadje waarin iedereen alles van iedereen wist. De wijkagent moest zijn quotum halen en maakte de zaak aanhangig. Tevergeefs schreven de ouders van het meisje brieven en tevergeefs verscheen de bijna-bruid snikkend in de rechtszaal. De rechter begreep het allemaal, maar zij moest ook rekening houden met haar quotum en met de campagne.

De uitkomst: vijf jaar, de eerdere voorwaardelijke straf inbegrepen.

Dit was de laagste straf die de rechter kon geven, daargelaten dat het vonnis om te beginnen al onrechtvaardig was.

Ira wachtte twee jaar op Aleksej. Ze hoopten dat de rechter de zaak opnieuw in behandeling zou nemen en dat hij voorwaardelijk zou krijgen. Helaas was duidelijk niemand van de bureaucraten bereid zijn nek uit te steken.

Zelfs bezoek werd geweigerd.

Na twee jaar schreef Aleksej: 'Ira, wacht niet op me.' Hij beantwoordde haar brieven niet langer.

Ik kijk hem in de ogen. Nee, geen tranen, alleen een goed verborgen, maar diepe wanhoop.

Een sterke, goedmoedige kerel, zoals sterke, eenvoudige mensen zijn kunnen. Ze hebben hem niet zijn vrijheid afgenomen, maar zijn geluk. Hij moppert niet, hij aanvaardt het gezag van de 'chefs' en ouderen alsof het een natuurverschijnsel is. Een golf nam hem mee en liet hem op de oever achter, alleen, zonder huis, zonder familie.

Wat doe je eraan?

De hopeloosheid en meedogenloosheid van het systeem in ons land maakt me bitter, het gejammer van mensen die de waarheid niet willen kennen en maar één ding eisen: 'Kruisig hem!'

Mensen, sta stil en kijk om je heen! Niet alles is zo simpel en eenduidig.

Alleen ik al krijg vaak met zulke ongelukkigen te maken. Op sommigen wordt gewacht. Soms heel lang. Ze trouwen in de gevangenis. Ze krijgen kinderen. Maar de vaders blijven veroordeeld als pedofiel. Wat zijn wij voor mensen, dat we dit toelaten?

DE BEWAKERS

Ik maak deze aantekeningen, omdat ik wil dat alle mensen die niet onverschillig zijn, weten wat ik in de gevangenis heb meegemaakt.

Na verloop van tijd, toen ik van gewoon slachtoffer veranderde in een geïnteresseerd toeschouwer, ontdekte ik dat de gevangeniswereld voor de meeste mensen terra incognita is. Terwijl een op de honderd landgenoten hier zit en een op de tien, zo niet een op de zeven, mannen wel een keer in zijn leven achter de tralies komt.

Daarbij komt nog dat de gevangenis op het merendeel van de gevangenen zowel als op de bewakers een verwoestend effect heeft. Het is de vraag op wie van hen het meest.

De maatschappij zou iets moeten doen aan deze wantoestand. Maar eerst moet ze ervan weten.

Dit verhaal gaat over een van bewakers.

De mensen die de minste belemmering ervaren in de gevangenis zijn de medewerkers van de opsporingsafdeling, de 'operativniks' of in de volksmond 'de opers'. Hun officiële taak is beraamde misdrijven te verijdelen en al bedreven misdaden op te lossen. Daarom worden ze nauwelijks beperkt door gevangenisregels. Mishandelingen en urenlange 'gesprekken', omkoping met mobieltjes en drugs, het is maar een greep uit het gebruikelijke arsenaal.

Opers gaan gewoonlijk graag met andere mensen om en zijn daar ook goed in. Ze praten gemakkelijk en kunnen goed luisteren. Maar er zijn uitzonderingen.

Pelsje, het zevenentwintigjarige hoofd van de opsporingsafdeling, wiens voor- en vadersnaam zo moeilijk uit te spreken zijn dat ze met algemene instemming omgebouwd zijn tot Sergej Sergejevitsj, houdt niet van een babbeltje. Als hij met je praat fixeert hij je met zijn bijna doorzichtige, ijsblauwe ogen en hakkelt hij zich er wanhopig doorheen, gevangen in stopwoorden en tussenwerpsels. Zolang hij nuchter is.

Dat is hij zelden. Als hij een lichte kegel heeft en zijn flaporen als stoplichten opgloeien, weet je zeker dat hij goedgemutst en rap van tong is. Maar je bent ook gewaarschuwd: kijk uit, praat je mond niet voorbij! Het is namelijk niet zo dat alcohol het geheugen van een professionele operativnik lamlegt.

Overigens laat Sergej Sergejevitsj, als jij zelf wat al te zwijgzaam, bent, zich graag helpen door zijn bepaald niet zachte vuisten. Hij slaat als een prof: je ziet er praktisch niets van, maar het slachtoffer pist bloed en loopt een week lang te kreunen. Niemand maakt hier een probleem van zo'n gesprek. De algemene opinie is: het zijn geen beesten, de rechercheurs buiten het kamp gebruiken nog veel hardere methoden.

Behalve op zijn vuisten kan Sergejevitsj je ook vergasten op thee en bonbons, je een sigaret aanbieden of je zelfs even laten bellen met zijn mobieltje. Het nummer slaat hij natuurlijk wel op.

Bezoeken van diverse commissies ziet hij als een noodzakelijk kwaad. Hierin onderscheidt hij zich niet van de andere bewoners van het kamp. Het geld om die talrijke commissies van eten te voorzien, zamelt hij meestal onder zijn medewerkers in. Maar als het bijna betaaldag is, laat hij ook de gevangenen wel eens 'een bijdrage' leveren.

De gedetineerden benaderen het probleem met begrip en dokken. Daar stellen ze dan tegenover dat ze iets terug kunnen kopen dat hun eerder afgepakt is, een mobiel of iets anders dat verboden is. Soms wordt er op hoog niveau onderhandeld en komt er een deal.

Zonder met zijn ogen te knipperen ligt Sergej Sergejevitsj tegen de rechter en de commissies.

'Sergej Sergejevitsj, wie heeft deze verklaring van twee bladzijden geschreven?' vraagt de rechter.

'De veroordeelde Badajev, hoogstpersoonlijk.' antwoordt Pelsje ferm. 'Kijk maar, daar staat het.'

'Maar Badajev is analfabeet. Dat staat in zijn dossier. Twee jaar lagere school!'

Sergej Sergejevitsj zwijgt, de stoplichten gloeien. Iemand zou kunnen denken dat hij zich schaamt. Maar wij weten beter. Sergejevitsj is verdiept in zijn eigen gedachten. De rechtbank boeit hem niet. De veroordeelde Badajev boeit het wel, maar niemand boeit Badajev.

In de moeilijke jaren van de hervormingen werden de gevangenissen onderhouden door vertegenwoordigers van de onderwereld, de zogenoemde opzichters. Ze voorkwamen onnodige conflicten tussen gevangenen en brachten bovendien een criminele ideologie tussen de oren. Nu doen Sergejevitsj en de zijnen hetzelfde, in feite stomen ze het voetvolk klaar voor het criminele circuit:

'Jij bent geen mens en die daar zijn geen mensen!' en 'Je hoeft alleen naar de leiding te luisteren en niet na te denken als je een opdracht uitvoert. Hoe minder je nadenkt, des te prettiger je leeft.'

Deze beginselen worden er bij de jonge gevangenen tussen de achttien en vijfentwintig ingestampt. Dientengevolge is het percentage dat terugkomt huiveringwekkend hoog. Wie een normaal leven weet op te bouwen, doet dat niet dankzij, maar ondanks deze lessen.

Eigenlijk is niemand verbaasd wanneer Sergej Sergejevitsj, iets meer in de lorum dan normaal, bij het appel achter uit de keel brult: 'Wie is hier de opzichter? Ik ben de opzichter!'

En dat is hij.

'Sergej Sergejevitsj,' zeg ik, 'als u en uw collega's van plaats wisselen met de huidige gevangenen, is er dan iemand die het verschil merkt?'

'Niemand,' geeft Sergejevitsj toe en hij lijkt absoluut niet met dat gegeven te zitten. Hij is net als alle anderen.

Soms lijkt iets wat in de gevangenis gebeurt sprekend op het normale leven buiten de poort, maar dan absurd uitvergroot. Ook in het vrije leven is vandaag de dag het verschil tussen een afperser en een vertegenwoordiger van de officiële instanties moeilijk te zien. Je kunt je in gerede afvragen of dat verschil er voor de gewone man überhaupt is.

En wij, die te bang zijn om onze rechten op te komen, die ons aanpassen en ons verstoppen achter een masker van onderdanigheid? Wordt dat beschermende masker niet ons ware gezicht? Veranderen we niet geleidelijk aan in zwijgende slaven, die onze plaats kennen maar bereid zijn tot elke gruweldaad die ons van bovenaf bevolen wordt?

Toen ik uit het kamp vertrok droeg Sergejevitsj mijn spullen persoonlijk naar de auto.

'Ik hoop niet dat u terugkomt,' zei hij, 'zonder u is het rustiger.'

Vier jaar later brandde het kamp tot de grond toe af. Aangestoken door die zwijgende gedetineerden.

SCHULDIGEN ZONDER SCHULD

Zoals het er nu uitziet leven we nog wel een aantal jaren in een bureaucratische politiestaat, waar de absolute macht ligt bij een gecorrumpeerde, onverschillige en hondsbrutale kaste van papierschuivers.

Dit verhaal gaat over het wederwaardigheden van twee mensen die in handen van die macht vielen. Namen en details heb ik zoals gewoonlijk veranderd.

De celdeur gaat rammelend open en op de drempel staat een kleine, gezette man met verrassend lang, licht krullend haar.

'Hallo allemaal,' zegt hij en loopt meteen door naar een vrij bed. Hij trekt met zijn ene been. De jongen van het bed eronder zucht diep en staat op om van plaats te ruilen.

'Nee, nee, laat maar,' zegt het mannetje. Hij klimt ondanks zijn stijve been behendig naar boven en pakt zijn spullen uit.

Na de paar minuten die elke nieuwkomer volgens goed gebruik krijgt om wat rond te kijken, komen we met de eerste voorzichtige vragen. Bij de thee gaan we daarmee door. Het blijkt dat Volodja, laten we hem maar zo noemen, al verschillende gevangenissen van binnen gezien heeft, voor doorsnee vergrijpen.

Volodja is gemakkelijk in de omgang, zo iemand die zich in het zakenleven specialiseert in netwerken. Een businessintermediair. Dat was ook wat hij deed voor hij in de gevangenis terechtkwam.

Vier jaar geleden 'wendde hij zijn specifieke kennis van bancaire transacties aan' (zo staat het in zijn dossier) om een half miljoen dollar van de bankrekening van een medewerker van de geheime dienst te halen, in de veronderstelling dat de man toch niet naar de rechter zou stappen, omdat het geld overduidelijk zwart was.

Maar dat was een misrekening. De bank betaalde zijn cliënt tot de laatste kopeke terug en diende een aanklacht in. Volodja moest zitten.

Tot zover had Volodja amper problemen met het verhaal. Ja, hij had van de gelegenheid gebruikgemaakt, ja, hij had het verprutst en ja, hij was zonder bewijs veroordeeld, maar niet onschuldig. Hij had heel wat jaren gekregen, acht, maar wat doe je eraan.

Eenmaal veroordeeld en in het kamp geplaatst, begon hij plannen te maken voor de toekomst. Na twee jaar kwam hij in aanmerking voor een voorwaardelijke invrijheidstelling. En toen kwam het bevel hem naar Moskou over te brengen, vertelt Volodja.

'Ik heb me er het hoofd over gebroken en kwam uiteindelijk tot de slotsom dat ze me met de bankfraude van iemand anders gingen opzadelen.'

De werkelijkheid overtrof zijn stoutste verwachtingen. De rechercheur verklaarde dat hij, Volodja, twee jaar geleden een medegevangene had doodgeslagen.

Enigszins bevreemd kijken we van elkaar naar de kleine, manke Volodja. Hij is al gewend aan dit wantrouwen en haalt zijn dossier tevoorschijn. Ik ben druk met het voorbereiden van mijn eigen proces, maar kan het niet laten het dossier tot de laatste bladzijde door te lezen. Het verhaalt van de zoveelste menselijke tragedie. Even verschrikkelijk als de Magnitski-zaak, en even normaal in Russische gevangenissen.

Het gaat om een man van vijfenveertig, die vanwege een fles drank de bajes indraait. Een doodgewone man, hij had een slok op en wilde meer, maar kon dat niet betalen. In de supermarkt greep hij met zijn dronken kop een fles uit het schap. Helaas een hele dure, die per ongeluk niet achter slot en grendel stond. De man werd bij de kassa gesnapt, de politie werd erbij gehaald en omdat het om dure drank ging werd hij opgebracht.

In het huis van bewaring begon een oude zweer weer op te spelen en werd hij naar het gevangenisziekenhuis gebracht, waar hij een paar weken verbleef. Vervolgens werd hij overgeplaatst naar een ander huis van bewaring en weer naar het ziekenhuis. Daar ontdekten ze na een week dat hij negentien gebroken ribben had. En nog een week later overleed hij ten gevolge van een kapotte milt.

Uiteindelijk werd een rottige fles drank met een mensenleven betaald.

Maar wat heeft dit allemaal met Volodja te maken?

Volodja had in hetzelfde ziekenhuis gelegen als de overleden man. Het eerste ziekenhuis wel te verstaan.

Voor de gelukkigen die geen notie hebben van wat een gevangenisziekenhuis is: een gevangenisziekenhuis is in feite gewoon een gevangenis met net zulke cellen. En wanneer jij in de ene cel ligt, kom je over je buren in de andere alleen iets te weten via de gevangenistamtam.

Die man en onze nieuwe celgenoot hadden elkaar nooit ontmoet, daar waren alle artsen en bewakers het over eens. Maar nu komt het meest absurde: volgens het dossier heeft Volodja de man met twee vuistslagen die negentien gebroken ribben bezorgd. Iedereen die aan karate of boksen doet, zal bevestigen dat dit onmogelijk is. Wel is het heel goed mogelijk ribben te breken door er met zware soldatenkistjes op te stampen, zeker als het gaat om een hulpeloos op de grond liggende, zieke man die stampij heeft lopen maken.

Iemand met zulk letsel kun je onmogelijk van het ene naar het andere huis van bewaring of zelfs van het ene ziekenhuis naar het andere vervoeren, zonder dat er iemand is die iets merkt. Het is daarentegen wel mogelijk het voorval toe te schrijven aan het andere huis van bewaring en daarmee de toedracht in nevelen te hullen.

De zaak bleef ongeveer twee jaar 'hangen' en toen kwamen twee zaken bij elkaar: het verzoek een bepaald iemand niet vrij te laten en een oude, onopgeloste moord.

Daarna is het een kwestie van routine: je neemt twee door de wol geverfde criminelen, een die met het slachtoffer gezeten heeft en een uit de cel ernaast, en je legt ze in niet al te moeilijke bewoordingen uit wat de opties zijn: of ze belasten degene die hun aangewezen wordt, of...

En jawel, de ene 'had iets gezien' en de andere 'had iets gehoord'... Klaar is kees, op naar de rechter!

De rechter 'vertrouwt' noch het aangevoerde bewijs van de artsen en inspecteurs, noch de aantekeningen in het logboek over het vervoer van de ene naar de andere cel. Hij vertrouwt niet wat de artsen hebben opgeschreven, namelijk dat de man naar het andere ziekenhuis overgebracht is zonder zulk letscl. De rechter vertrouwt degene die 'iets gezien heeft' en degene die 'iets gehoord heeft'. Ze zijn er speciaal voor uit een kamp overgebracht. Uitgemaakte zaak.

De afgelopen dagen heeft Volodja het zwaar. De rechercheurs proberen hem over te halen: 'Beken, je krijgt er maar een paar jaar bij. Doe je het niet, dan betaal je het volle pond.'

Hij vraagt me om raad. Ik wijs hem erop dat ze niet bluffen. En verder is het een kwestie van geweten. Volodja weigert schuld te bekennen. Tegen mij zegt hij dat hij anders zijn familie en vrienden nooit meer recht in de ogen kan kijken.

Mijn proces was beëindigd en pas in Karelië hoorde ik over de uitkomst van zijn zaak. Die was voorspelbaar.

Denkt u dat iets dergelijks u niet kan overkomen? U steelt immers geen drank uit de supermarkt en haalt geen geld van de rekening van een hoge politieambtenaar. De geschiedenis van ons land leert dat heel veel mensen zo denken, totdat hun mooie appartement opeens in de smaak valt bij hun buurman-informant...

Zolang mensen doodgeschopt kunnen worden en rechters bereid zijn misdaden te verhullen en onschuldigen te veroordelen, is fatsoenlijk gedrag geen al te overtuigende bescherming.

DE GETUIGE

Regelmatig vraag ik mij af: wat is dat, het geweten? Hoe bepalen we wat goed is en waarvoor schamen we ons de rest van ons leven? Wanneer overwint de vrees het geweten en wanneer het geweten de vrees?

Ljosja Badajev is een gewone jongen uit een afgelegen dorp in de republiek Boerjatië. Hij heeft een breed, rond gezicht en zwarte ogen die hij constant halfdicht lijkt te knijpen. Aan zijn ouders heeft hij geen herinneringen, hij woonde bij zijn tante. Hij ging twee jaar naar school en werd toen herder van de gemeenschappelijke kudde.

Op een kwade dag betrapte hij een dief die probeerde een ram te stelen. Hij gooide een steen en raakte hem tegen zijn hoofd. Maar de man was niet voor een kleintje vervaard en kwam al snel weer bij. Ljosja raakte in paniek en deed iets onherstelbaars: met die steen sloeg hij nog een keer, en nog een keer.

Toen hij zich realiseerde wat hij gedaan had, liet hij de kudde in de steek en ging ervandoor.

Een paar maanden later werd hij, duizenden kilometers van huis, bij toeval in de kraag gevat toen hij probeerde eten te stelen.

Er volgde een rechtszaak, hij werd veroordeeld voor moord en kreeg zesenhalf jaar. Een rechtvaardige straf, gezien de omstandigheden. Eerst kwam hij in een kamp voor minderjarigen, nu zit hij in de 'volwassen gevangenis'.

Ik ontmoet Ljosja in het naaiatelier van de gevangenis, waar hij zijn toevlucht heeft gezocht. Hij werkt hard, is zwijgzaam en onopvallend.

Enige tijd later krijg ik een disciplinaire straf en ik klaag de kampleiding aan. Dan kom ik erachter dat Ljosja als getuige opgeroepen wordt. Ik verwacht niet anders dan dat hij zal zeggen wat ze van hem verwachten. In het kamp zijn er legio manieren om iemand te 'overtuigen'.

De rechtszaak vindt plaats. Alle 'belangrijke mensen' zijn aanwezig: de kampchef, het hoofd van de opsporingsafdeling, hun plaatsvervangers. De zitting wordt geleid door de voorzitter van de stedelijke rechtbank.

Ljosja wordt opgeroepen. Hij is duidelijk angstig en in de war, hij hakkelt, maar spreekt de waarheid! Mijn advocaat en ik kijken elkaar aan, we begrijpen er niets van. Onze opponenten aan de overkant al evenmin.

De rechter laat Ljosja gaan, hij loopt de deur uit en komt meteen weer terug.

'Die daar,' zegt Ljosja en wijst naar het hoofd van de opsporingsafdeling, 'gaf me twee pakjes sigaretten en zei dat ik moest liegen.'

Ik kijk naar degenen die tegenover me zitten. De chef vertrekt geen spier, zijn ondergeschikte kleurt langzaam donkerrood.

'Maar ik ga niet liegen, ik heb de waarheid gesproken. Hier zijn de sigaretten.'

Hij overhandigt de rechter een pakje L&M en bekent:

'Dat andere heb ik opgerookt. Zulke goeie heb ik nog nooit gehad.'

Een scène uit een stomme film, zo ongeveer.

'Dat was het, kan ik gaan of moet u nog iets van me?'

'Neenee, ga maar, we hebben je niet meer nodig,' klinkt de stem van de kampchef.

Ljosja vertrekt. De scène is nog niet afgelopen. Eindelijk brengt de voorzitter van de rechtbank uit: 'Alles is vastgelegd in het protocol. Als er ook maar iets met deze jongen gebeurt, maak ik de zaak aanhangig.'

Na de rechtszaak loop ik naar Ljosja.

'Waarom doe je zoiets? Hier krijg je problemen mee, en dat weet je.'

Hij kijkt me met zijn toegeknepen ogen aan.

'Ik heb mijn grenzen, u hebt me nooit kwaad gedaan.'

Dan gaat hij.

Dan is er weer het kampleven en komt de onvermijdelijke afrekening. Soms, als ik uit de isoleercel kom, hoor ik dat Ljosja daar ook zat. De werkplaats komt hij niet meer in. Maar als we elkaar toevallig tegenkomen glimlacht hij steevast: 'Alles in orde.'

Natuurlijk weet het hele kamp wat er gebeurd is, tot in de details. Als ik vraag of ze me meteen op de hoogte willen stellen wanneer iemand het toch waagt Ljosja in elkaar te slaan (zulke methoden zijn tamelijk gewoon), ben ik verbaasd over het antwoord dat ik krijg: 'Maar wie zou dat durven? De leiding is bang, alle gevangenen hebben ontzag voor hem...'

Een halfjaar later word ik overgebracht naar een ander kamp. Ljosja heeft zijn tijd er allang opzitten. Wat er van hem geworden is, weet ik niet. Ik wil er ook niet naar vragen, om hem niet in de problemen te brengen. Ik hoop van harte dat hij waardig en zonder angst door het leven kan gaan.

Een deal sluiten met je geweten betekent liegen, zwijgen en niets merken, omwille van je rust en in het belang van je gezin. Je sust jezelf met 'zo werkt dat nou eenmaal' en 'iedereen doet het'.

Met wie sluiten we eigenlijk die deal? En hoe weten we dat 'de andere partij', ons geweten, er niets voor voelde? Op het moment dat we zelf oog in oog met het onheil staan?

Of pas later, als we de finale balans van ons leven opmaken en tot de pijnlijke erkenning komen dat we de regendruppels niet langer kunnen ontwijken en dat er alleen een herinnering is? En dat er nog niets veranderd is?

DE RECHERCHEUR

Een van de belangrijkste figuren in het leven van een gedetineerde is de rechercheur. Hij is de man van wie, binnen de kaders van onze rechtspleging, je lot afhangt. Of hij de aanwijzingen voor een misdaad wel of niet ziet, of iemand als schuldige of als getuige aangemerkt wordt, gearresteerd wordt of een meldplicht krijgt, en zelfs of je al dan niet bezoek van je familie mag ontvangen — dat en nog veel meer ligt in de handen van een doorgaans nog erg jonge man, onder de dertig, die koud is afgestudeerd aan het juridisch instituut.

Volgens de wet is de onderzoeker onafhankelijk. Ongeveer zoals een rechter. Maar in werkelijkheid is hij maar een miniem radertje in de rechtshandhavende machinerie. Een kleine bureaucraat, die vaak niet eens inspraak heeft in wezenlijke vraagstukken betreffende zijn werk.

Vier jaar heb ik, met een korte onderbreking, met deze mensen te maken gehad. In feite is er niemand die van hen verlangt te doen alsof ze iets onderzoeken, maar de procedure verplicht ons vele honderden, duizenden uren samen in een kamer door te brengen. Het is dus niet mogelijk iedere vorm van contact te vermijden en dat was ook niet mijn bedoeling. Ik ontmoette allerlei onderzoekers, onverschillige types en mensen die gebukt gingen onder hun rol, sommigen probeerden echt iets te begrijpen en anderen draaiden gewoon hun uren.

Ik draag geen van allen een kwaad hart toe, daarom is deze geschiedenis gebaseerd op de verhalen van degenen die allang het systeem verlaten hebben.

Joeri Ivanovitsj is een uitzonderlijke figuur in 'mijn' groep van rechercheurs, die vooral bestaat uit immigranten uit de voormalige Sovjetlanden. De leiding heeft altijd problemen met types als hij: onafhankelijk, voor zover het systeem dat toelaat. Hij weet wat hij waard is, in zijn beroep en in het dagelijks leven staat hij op eigen benen. En hij heeft het goed voor elkaar: een prima opleiding, een woning (met dank aan zijn ouders) en een heldere kop, zodat hij het zich kan permitteren er een eigen mening op na te houden over de operaties waar hij naast mijn zaak bij betrokken is.

Die mening deelt hij van tijd tot tijd met mij.

Vandaag is Joeri zijn emoties nauwelijks de baas: 'Stel je voor, Mikhail Borisovitsj, gister was er een inval, tegen illegale houtkap.'

Bij dat probleem kan ik me inderdaad iets voorstellen. De bossen worden op barbaarse wijze gekapt, zo dicht mogelijk bij steden en wegen, de beste bomen worden geveld alsof het niks is, zonder vergunning natuurlijk, want daar spek je de staatskas maar mee. De buit wordt de grens overgesmokkeld. Hiervan leeft bijna de hele plaatselijke elite.

'Ze riepen ons bij elkaar voor de briefing,' vervolgt hij, 'op de kaart wezen ze aan waar we niks te zoeken hadden, waar de stukken van de politie en andere hoge pieten lagen, ieder kreeg de verantwoordelijkheid voor een deel van het terrein en we gingen op pad. Als we ter plekke zijn keuren ze ons geen blik waardig en gaan ze gewoon door met zagen. Een vergunning hebben ze niet, ze kappen waar het zo uitkomt.

We houden die lui aan en verzegelen de apparatuur. De ploegbaas staat er een beetje bij te lachen, zo van: 'Ik heb net mijn mannetje al gebeld.' Een half uur later krijgen we een telefoontje: we moeten de mensen laten gaan, de zegels verbreken en de processen-verbaal verscheuren. De stropers lachen en wij vertrekken met de staart tussen de benen. Bleek het kavel van de gouverneur te zijn, maar dat had hij zelfs bij de briefing niet op de kaart gemarkeerd. Nog voor we terug waren brak de hel los en dreigden ze onze bonussen in te trekken. Hoe kan zoiets? Siberische dennen, nota bene, en daar zijn er toch al niet zoveel meer van.'

In de stem van de rechercheur hoor ik oprechte verontwaardiging en gekrenktheid. Ik ben wel blij dat hij zich niet druk lijkt te maken over het risico zijn bonus mis te lopen. De vernedering die hem is aangedaan en zijn oprechte bezorgdheid als bewoner om de natuur van zijn streek hebben het pantser van gewenning aan de ongebreidelde corrupte opengebroken.

We bespreken wat er achter de gang van zaken kan zitten en welke acties we kunnen ondernemen. Ik merk dat hij daar al vaker over nagedacht heeft, nu stort hij zijn hart uit. Ik sluit niet uit dat hij hoopt op een verrassende oplossing van mijn kant.

Helaas heb ik die niet. Of je legt je erbij neer, telt je zegeningen en voelt je een stuk stront, of je knokt en weet dat ze ervoor zullen zorgen dat je tot je nek in de stront komt te zitten.

Zo wordt het spel hier gespeeld.

Er is nog een derde uitweg en daar heeft Joeri gebruik van gemaakt. Hij diende zijn ontslag in. Maar is dat een uitweg? We moeten onder ogen zien dat dit een negatieve selectie tot gevolg heeft. Geleidelijk aan blijven de slechtsten in het systeem over: degenen die te dom zijn om het te begrijpen, en degenen die het wel begrijpen, maar het hart niet hebben om er niet aan mee te doen.

Met idioten en schoften kun je prima een staatsmachine bouwen.

Maar het gaat wel om ónze staat.

DE VERKLIKKER

Arkadi Bondar is een jonge, lange vent met een brede glimlach op zijn knappe gezicht. In de opvangbarak stapt hij op iedere nieuweling af die verloren op zijn bed zit. Hij knoopt een gesprekje aan over het leven of over de zaak die hem in het kamp heeft gebracht. Alleen iemand die heel naïef is gaat hier op in. Maar de behoefte om te praten is groot en er zijn veel naïevelingen.

De arrestanten in de barak kijken er misprijzend naar maar houden zich afzijdig.

Arkadi is een officiële verklikker en werkt voor de opsporingsafdeling als kamerwacht. Dat wil zeggen dat zijn taak formeel bestaat uit het opruimen en schoonhouden van het vertrek. In werkelijkheid houdt hij zich met heel andere zaken bezig. Hij een 'peuteraar', hij probeert nieuwkomers informatie te ontfutselen die ze tijdens het onderzoek achtergehouden hebben, over een gepleegde misdaad of over mogelijke medeplichtigen.

Maar dit is nog lang niet alles. Zijn belangrijkste werk bestaat uit het achterhalen van verboden spullen. Een bankbiljet, speelkaarten of een sweater die bij het fouilleren verstopt zijn, leveren voor de argeloze eigenaar gemakkelijk vijftien etmalen isoleercel op, maar voor Arkadi een slof sigaretten of toestemming om een achtergehouden iPod te gebruiken.

Je kunt hem beter niet lastigvallen, want dan zouden diezelfde kaarten maar zo in jouw boedeltje kunnen opduiken.

Daarom houdt iedereen zijn mond, maar wisselt betekenisvolle blikken. De arrestant met ervaring heeft het door, maar een groentje, tja, die heeft pech, het is niet anders. Later, als hij een beetje thuis geraakt is, wijzen ze hem nog drie andere, wat beter 'vermomde' verklikkers.

Nu laat Arkadi zijn slachtoffer voldaan los. Hebbes! De bloedzuiger heeft beet. Zo meteen gaat hij klikken. Geen twijfel mogelijk, daar gaat hij.

Tegen een kleine vergoeding is Arkadi ook bereid iets voor je mee te nemen uit de bezoekersruimte of zelfs bij een operativnik iets terug te kopen dat hij in beslaggenomen heeft.

Meestal ontloopt een verklikker me. Ik zie dat hij met een celgenoot staat te fluisteren. De buurman komt naar me toe.

'Borisovitsj, hoe schrijf je 'diskrediet'?'

'Hoezo?'

'Bondar wil het weten.'

'Bondar, kom es hier.'

Hij komt. Hij kijkt weg. Hij is duidelijk bang. Zijn voorwaardelijke invrijheidstelling is in zicht en een ruzie met mij kan hij niet gebruiken.

'Waarom moet je dat weten?'

'De operativniks vroegen ernaar.'

'Wat vroegen ze precies?'

'Op te schrijven dat u de kampleiding in diskrediet brengt. Maar ik ken dat woord niet.'

'Laat ik je niet meer zien.'

Die avond ga ik bij de rechercheurs langs.

'Jullie zouden op zijn minst kunnen bedenken wie je om een boodschap stuurt.'

'Ach, Mikhail Borisovitsj, u weet toch zelf ook wel wat hier rondloopt,' zeggen ze zonder de geringste gêne. 'Je moet roeien met de riemen die je hebt.'

We gaan met een paar grapjes over en weer uit elkaar. Deze slag is voor mij. Maar ze hebben de tijd.

Elkaar verlinken is voor Russen een hoogst immorele daad. Wij zijn niet als de Duitsers en Amerikanen, voor wie het informeren van de overheid een heilige taak is. In ons land hebben verklikkers miljoenen onschuldige levens verwoest. Vrijwel elke familie telt slachtoffers van de repressie. De haat tegen informanten is diep geworteld en soms onbewust. Het is net als bij kolen die bedekt zijn met een dun laagje as: je hoeft er maar even op te blazen of het vuur gloeit weer op.

In de kampen probeert men deze handelwijze tot norm te verheffen. De ene keer pakt het beter uit dan de andere. Voor de kampleiding zijn dit slag mensen uiterst nuttig. Maar wat voor leven hebben ze buiten de poort? Met innerlijke waarden die voor de maatschappij onaanvaardbaar zijn?

We begrijpen allemaal wel dat je soms iets dat je gezien hebt moet melden, voor de algemene veiligheid of om het recht te laten zegevieren.

Maar iemand aangeven omwille van een fooi is erger dan stelen. In Rusland is diepe minachting van de omgeving het loon van de verklikker.

Ik mag wel zeggen dat ik heel bij ben dat het er zo voorstaat in mijn land.

En Bondar? Over Bondar hoorde ik pas twee jaar later weer iets, toen ik in Tsjita was. Tegen die tijd was hij vrij geweest en al weer opgepakt. Ze hadden hem 650 kilometer verderop in een kamp geplaatst om voor de rechtbank tegen mij te getuigen. Vreemd genoeg is hij nooit in de rechtszaal verschenen.

DAKLOOS

Bij aankomst wordt hij meteen de cel in geschopt. Hij ziet er verschrikkelijk uit, zijn gezicht heeft de kleur van modder, zijn handen zijn zwart, ondanks de medisch-hygiënische behandeling, en de haargroei op zijn gezicht is even dicht als op zijn hoofd. Zijn ogen zijn niet te zien. Ze zitten dicht, waarschijnlijk dankzij een matpartij, of een matpartij in combinatie met een kater. Op het eerste gezicht lijkt onze nieuwe celgenoot een jaar of zestig, vijfenzestig. Om zich heen loerend schuifelt hij naar de brits die een van ons hem wijst.

De oude rolt zijn matras uit, ploft neer en geeft twee etmalen lang geen geluid. Alleen voor het toilet en voor het appel komt hij van zijn bed. We storen hem niet. De derde dag staat hij eindelijk op: voor de watersoep. We proberen een praatje met hem te maken, maar begrijpen niets van de onsamenhangende antwoorden die hij geeft, behalve het vergrijp waarvoor hij opgebracht is: relschopperij. Niets bijzonders.

We hebben altijd lak aan het misantropische verbod van de Federale Penitentiaire Dienst om spullen met elkaar te delen en vinden een trainingsbroek, een jasje, ondergoed en scheermesjes voor hem, we smokkelen wat eten uit onze voedselpakketjes in zijn watersoep en vergeten de oude man. Iedereen heeft zo zijn bezigheden en de cel is groot.

Zo gaat er een week voorbij. Wanneer ik terugkom van een gesprek met mijn advocaat zie ik dat er weer een nieuwe bijgekomen is. Een krachtige man van mijn eigen leeftijd, al is het duidelijk dat hij de nodige klappen heeft opgelopen in zijn leven. Hij is met onze televisie aan het prutsen en heeft de achterkant eraf gesloopt. Dat geeft me een onbehaaglijk gevoel: op de tv in onze cel kunnen we haast geen beeld ontvangen, maar het nieuws kunnen we in ieder geval horen en voor mij betekent het nieuws leven.

'Wie hebben we hier?' grom ik.

'Even voorstellen: Valentin Ivanovitsj,' helpen mijn collega's. 'Die oude man, weet je nog? Dit is hem. Hij is radiomonteur. Hij zegt dat hij hem kan repareren.' Zonder zich om te draaien knikt Valentin Ivanovitsj en zet, gewapend met een aangescherpt lepeltje en paperclips, zijn arbeid voort.

Een paar dagen later raken we aan de praat. Het gebruikelijke verhaal: zijn zoon verongelukt, zijn vrouw overlijdt en hij raakt zwaar aan de drank. Zijn gewiekste buren werken hem zijn woning uit, hij leeft bijna een jaar op straat. Hij raakt betrokken bij een vechtpartij en wordt opgepakt. Later lees ik hetzelfde verhaal in zijn dossier, maar dan in ambtelijke taal.

Hij is prettig in de omgang, al hebben we daar weinig gelegenheid voor: door de rechtszaken en de enorme stapels documenten die ik daarvoor moet lezen, blijft er nauwelijks tijd over. Hij is ook altijd bezig iets te repareren of de inrichting van de cel te verbeteren. Zo te zien vervangt de cel de woning die hij is kwijtgeraakt. En als tijdens mijn hongerstaking de kampleiding hem onder druk zet om een verklaring te ondertekenen waarin staat dat er helemaal geen sprake is van een hongerstaking, weigert hij, net als mijn andere celgenoten. En dat terwijl de druk niet gering is.

Toch ontbreekt het hem kennelijk aan de wil en de bereidheid te vechten voor zijn lot, en vechten moet je wel om niet ten onder te gaan in onze harde wereld. Zijn toekomst laat zich gemakkelijk uittekenen: van de bajes naar de straat en weer terug, en het eindigt in de goot, waar hij doodgaat van de honger of aan een hartaanval.

Hoeveel van dit soort geschiedenissen heb ik in de afgelopen jaren niet voorbij zien komen, van hoeveel mensen heb ik niet al gehoord dat ze dood zijn.

Moeten we niet doen wat we kunnen om deze wereld wat minder hard te maken? Juist deze mensen hebben onze hulp nodig...

Ik moet 'op gesprek' bij de kampleiding. Wanneer ik terugkom is de cel leeg. Ik krijg een kwartier om me klaar te maken voor het transport.

Afscheid nemen kan niet. Ik vertrek, maar pas nadat ik het nieuws gezien heb, op een televisie met goed beeld.

UITSCHOT

In de gevangenis heten ze paria's, verschoppelingen, uitschot, en er bestaat nog een hele lijst minder welvoeglijke benamingen. Ze zijn de kaste van onaanraakbaren, bij hen ga je niet aan tafel zitten, je eet niet van hetzelfde bord, hun spullen gebruik je niet. Hun woord telt niet bij een meningsverschil binnen de gevangenisgemeenschap, dus op bescherming hoeven ze niet te rekenen.

Gelukkig vervagen vandaag de dag deze ideeën geleidelijk aan, maar er is veel dat nog bij het oude blijft. De gevangeniswereld is bijzonder conservatief.

Buiten de gevangenis neemt men over het algemeen aan dat deze positie is voorbehouden aan homoseksuelen en mensen die weerzinwekkende misdaden gepleegd hebben als verkrachting, kindermisbruik enzovoort.

Dat is allang niet meer zo. Geen mens gelooft de rechters nog en iedereen kan van zijn vonnis beweren dat daarmee het commerciële profijt van deze of gene wordt gediend. Bewijzen kun je het meestal niet, maar het aantal 'commerciële' uitspraken is groot.

Echte homoseksuelen zijn er niet veel in de gevangenis. Vandaar dat vooral mensen die niet in staat zijn voor zichzelf op te komen en zich hebben laten kennen als een zwakkeling, in de categorie 'uitschot' vallen. Ze worden dan ook gedwongen allerlei onaangenaam werk te doen.

Maar soms pakt het anders uit.

Het uitschot in onze barak bestaat uit een man of tien en Ostap is daar een van. Een barak is een grote gemeenschappelijke ruimte waar iedereen alles van elkaar ziet. Er is niets opvallends aan Ostap. Hij is niet groot, hij is rustig, net als de andere leden van zijn 'kaste' maakt hij schoon, brengt het vuilnis naar buiten en doet de was voor anderen. Overigens behoor je tegenwoordig voor deze diensten te betalen, met thee, sigaretten of andere kleinigheden.

Vragen hoe iemand in een dergelijke situatie terecht gekomen is, is not done.

Gedetineerden met gevoel van eigenwaarde weten zich tegenover het uitschot in te houden, maar vooral degenen die zich door het leven benadeeld voelen en de ambitieuze types proberen regelmatig hun lage zelfbeeld op te krikken ten koste van deze onbeschermde groep.

Op het moment dat Ostap bezig is met opruimen onder een bed passeert zo'n branieschopper, die hem demonstratief een stoot onder de gordel verkoopt. Bij dit uiterst kwetsende gebaar voegt de man een minstens zo kwetsende opmerking.

Niets bijzonders en normaal gesproken verdraagt het uitschot dit onaangedaan. Zo ook Ostap. Zonder overeind te komen mompelt hij iets binnensmonds en beweegt langzaam naar de dichtstbijzijnde hoek.

Het plebs dat wat verderop staat grinnikt. Alleen degenen die heel dichtbij staan hebben kunnen horen wat Ostap precies zei. Wat hij zei was: 'Ik vermoord je.'

Wanneer hij een halve minuut later overeind komt, blijkt hij ergens een monsterachtig steekwapen vandaan gehaald te hebben, een bijgeslepen vijl, scherp als een dolk en wel dertig centimeter lang.

Ik duik letterlijk opzij, ik heb absoluut geen zin om een stuk staal in mijn zij te krijgen.

Maar Ostap is op weg naar zijn kwelduivel. Die springt naar de deur, maar de enige uitgang is geblokkeerd met volk dat er ook niet op zit te wachten in de vuurlinie terecht te komen en naar buiten probeert te komen. De rest blijft verstijfd staan.

Ostap loopt langzaam, maar doelgericht en zijn tegenstander zet het op een loeien. Een ander woord is er niet voor die langgerekte schreeuw van een mens die nog maar een paar seconden te leven heeft.

Dan komen we bij onze positieven. Er is nog iemand die begint te schreeuwen. Een meer koelbloedig type schuift snel een paar bedden tussen Ostap en zijn doelwit. Zijn vrienden springen naar hem toe, grijpen hem bij zijn armen en slepen hem weg.

Zijn net-niet-slachtoffer ontkomt uit de barak en we zien hem niet weer terug: hij is 'om veiligheidsredenen uit de inrichting verwijderd'. Een voor het kamp beschamende formulering.

De volgende dag is Ostap alweer aan het schoonmaken in de barak, maar we bekijken hem met andere ogen. En als de procureur van de oblast langskomt voor inspectie en gegadigden voor een persoonlijke ontvangst uitnodigt (wat grote gevolgen kan hebben), is niemand verbaasd als de enige bezoeker die door het uitgestorven kamp marcheert, Ostap is.

'Onze Ostap', zoals we hem nu met een zweempje trots noemen.

DE ZELFMOORDENAAR

Met zijn lange, magere, ietwat gebogen lijf maakt hij meteen een nogal troosteloze indruk. Ondraaglijk troosteloos is ook zijn verhaal over toch vrij algemene gevangenisperikelen.

Hij was bouwkundig ingenieur en kreeg een mooie functie met een fatsoenlijk salaris aangeboden in een jonge firma. Zijn taak was het controleren van de leveranties en de kwaliteit van de werkzaamheden. De eerste acht maanden, tijdens het bouwrijp maken van het terrein, liep alles voorspoedig. Toen ging zijn baas met vakantie en werd zijn vervanger ziek.

Artjom, zo heet onze nieuwe celgenoot, werd gevraagd voor een paar weken de leiding op zich te nemen. Hij kwam erachter dat er geen bouwmaterialen besteld waren. In paniek belde hij zijn baas. Die was er niet. Ook zijn vervanger bleek onbereikbaar. Hij ging naar de politie, die zei dat hij moest oprotten.

Al gauw kwamen de telefoontjes van ongeruste investeerders: met de directie van de firma was ook acht miljoen dollar verdwenen.

Dezelfde agent die eerder geweigerd had zijn verklaring op te nemen, eiste nu een miljoen roebel en dreigde anders korte metten met Artjom te maken. Hij hield duidelijk woord: Artjom kreeg acht jaar. Zijn auto en allerlei huishoudelijke apparatuur werden in beslag genomen ter dekking van de proceskosten. Zijn vrouw kwam een keer op bezoek. Het gesprek wilde niet vlotten.

Je zou medelijden met hem krijgen, maar hier heeft de helft precies zo'n verhaal. Tijd en energie om naar al die verhalen te luisteren heb ik domweg niet. Er zijn bijna iedere dag zittingen, er liggen stapels papieren waar ik doorheen moet, ik heb gewoon geen tijd voor hem! Op de een of andere manier wil dat maar niet tot hem doordringen. Hij blijft zeuren hoe moeilijk hij het heeft, dat het de rechter niet interesseert of hij al dan niet schuldig is, dat zijn kinderen van schaamte wegkijken: 'papa is een oplichter, een dief'. De waarheid is niet relevant als je geen geld hebt voor steekpenningen.

Ja, dat weten we allemaal en het kan nog veel erger! Alsof dat nieuws is. Logisch dat iemand zijn eigen ellende het grootst vindt, maar val ons er niet mee lastig. Met praktische, alledaagse problemen helpen we elkaar in de cel, maar met psychisch lijden, nee sorry, daarmee moet je het zelf zien te rooien.

Ik slaap licht sinds ik in de gevangenis zit en het kokhalzend gerochel in het toilet wekt me ogenblikkelijk. Ik spring uit bed, storm naar de deur en ruk hem open en daar... mijn god!

Rond de lamp in het toilet zit een stevig traliewerk, de hele constructie hangt een meter of drie boven de grond. Er is een touw aan vastgemaakt en daaraan hangt Artjom. Hij is kennelijk op de toiletpot geklommen en er vanaf gesprongen. Het touw is een beetje uitgerekt en nu raken zijn voeten, de punten van zijn tenen, net de grond als het veert.

Hij reutelt en is duidelijk niet meer bij bewustzijn. Ik spring naar hem toe, pak hem vast en til hem met mijn ene arm op, met mijn andere hand probeer ik het touw los te trekken. Ik ben niet sterk genoeg. Ik had niet gedacht dat hij zo zwaar zou zijn, maar het is dood gewicht en niet te tillen.

Nu til ik hem in beide armen een beetje omhoog, zodat hij lucht kan krijgen, en roep gedempt, om de bewaking niet te alarmeren: 'Jongens, help!'

Deze minuut in een omhelzing met een bijna-dode man lijkt de langste van mijn leven.

Eindelijk worden de anderen wakker en schieten toe. Samen halen we hem uit de lus. We leggen hem op de grond en duwen op zijn borstkas. Hij begint weer te ademen, hoest en geeft over... mooi, hij leeft nog.

De volgende morgen geven we hem een sjaal om rond zijn hals te wikkelen, maar de bewakers zien de blauwe striem natuurlijk toch en Artjom wordt al gauw met zijn spullen weggeroepen.

De leiding zit niet op zelfmoordenaars te wachten, ze bederven de statistieken. Een mislukte poging levert je de isoleercel op, een merkteken voor zelfmoordenaars op je borst en zeker geen voorwaardelijke invrijheidstelling.

Wij blijven achter en kijken elkaar niet aan, we schamen ons. We hadden immers kunnen zien dat de man ten einde raad was, maar lieten de kans hem te helpen lopen. Onverschilligheid is een grote zonde: maar een stapje verwijderd van de koude vissenogen van de gewetenloze rechter, die in het geluk van zijn eigen gezin voldoende rechtvaardiging ziet voor het lot van deze Artjoms.

Kunnen wij echt in vrede leven door te doen alsof het lot van een ander ons niet aangaat? Hoelang blijft een natie bestaan wanneer onverschilligheid de norm geworden is?

Vroeg of laat komen we onszelf tegen.

HET VERHAAL VAN ROMA

De helft van de criminelen die voorwaardelijk vrij zijn, keert terug naar de vertrouwde sfeer van het kamp.

In onze barak begint de ochtend met het harde geluid van een zoemer en een wilde schreeuw.

Wie denkt dat een schreeuw met een geluidssterkte van 100 decibel geen inhoudelijke betekenis kan hebben, vergist zich deerlijk.

De kreet komt van Roma, onze nachtwaker. Het is zijn taak ons in de benen te krijgen. Maar die voert hij heel creatief uit. De melodie die door zijn toedoen uit een gewone zoemer komt en de begeleidende tekst zijn vrijwel nooit gelijk. Soms zijn de acts zo geslaagd dat je van het lachen haast niet kunt opstaan.

Roma ziet er ook nog eens uit als een sprookjesfiguur: een stoer, klein mannetje met sprekende, altijd lachende ogen en een mond met een brede glimlach en slechts een enkele tand.

De drank heeft Roma in de bajes gebracht. Of het nu gewoon een kloppartij was of een beroving tijdens een kloppartij kan hij niet vertellen. 'Ik weet het niet meer,' is alles wat hij te zeggen heeft.

Hij doet erg zijn best zich goed te gedragen want hij mikt op een voorwaardelijk. En het werk van een barakoudste helpt daarbij.

Zo nu en dan pest ik hem een beetje. 'Waarom zou je vrij willen? Het is hier toch goed? Je krijgt te eten, wordt beschermd, ook nog wel tegen de drank…'

Meteen wordt Roma serieus en vertelt dwepend hoe hij de poort uitgaat, een nieuw gebit krijgt en werk in de plaatselijk fabriek. Er wordt op hem gewacht.

Dan vervluchtigt de ernst en huppelt hij naar de rekstok voor een onnavolgbare oefening.

Dan komt de rechtszaak. Hij krijgt een positieve uitspraak. Nog tien dagen en hij is vrij. Roma weet niet waar hij het zoeken moet. Geregeld komt hij bij me, gedetailleerd vertelt hij me wat hij van dag tot dag buiten de poort gaat doen. Ik luister aandachtig, de man moet zijn verhaal kwijt, maar ik ken de statistieken: vijftig procent 'komt nog eens langs.'

Roma voelt mijn scepsis en probeert me hartstochtelijk te overtuigen: 'Ik kom hier nooit meer terug, nooit!'

Ik plaag hem: 'Maar Roma, het moet je toch in ieder geval lukken die tanden in orde te maken' en word meteen gestraft met het zoveelste uitgebreide verhaal.

Dan is de grote dag daar. Roma heeft ergens een trainingspak en sportschoenen opgeduikeld en loopt trots het hele kamp af en iedereen wenst hem succes en het beste.

Een, twee maanden gaan voorbij. Geen nieuws van Roma. Sommigen beginnen zich ongerust te maken: ze hadden hem geld meegegeven en wachten op hun bestelling.

Maar algauw komt er informatie. Met de nieuwe lichting uit een plaatselijke gevangenis. Helaas zit Roma daar alweer.

Weer teveel gedronken. Matten. Telefoon gejat. Het is maar een kleine stad, dus hij werd herkend en opgepakt.

Waarom was hij zo stom? Wie zal het zeggen. Hoogstwaarschijnlijk kon hij zijn draai niet vinden en verlangde hij onbewust naar de vertrouwde wereld van het kamp.

Soms krijg je het gevoel dat de politie en de rechters een vreemd spelletje spelen en dat ze alleen die mensen voorwaardelijk vrijlaten van wie ze weten dat ze toch binnen de kortste keren weer achter slot en grendel zitten. Terwijl ze zo goed als niets doen om te zorgen dat dat minder vaak of in ieder geval minder snel gebeurt.

Overigens is de verklaring simpel: in wezen is een mens voor de staat hier minder dan niets waard, een middel om de statistieken te vullen.

Dat nieuwe gebit heeft Roma nooit gekregen.

'HET ONDERZOEK ZAL ALLES DUIDELIJK MAKEN'

In het huidige rechtssysteem overleven fatsoenlijke mensen niet. Bij ons regeert de leugen.

Wanneer ik artikelen, brieven en blogs lees, verbaas ik me regelmatig over het oprechte vertrouwen dat volwassen mensen hebben in de deugdzaamheid van rechtshandhavers en rechtsprekers. Die kunnen in hun verklaringen en interviews van alles beweren en het wordt voor zoete koek geslikt.

Veel vertegenwoordigers van deze beroepsgroepen zijn, naar ik aanneem, in het dagelijks leven heel fatsoenlijke burgers die, net als wij, zelden liegen: alleen als het niet anders kan, en dan voelen ze zich er ongemakkelijk bij.

Maar op hun werk zitten ze 'in het systeem' en liegen ze praktisch altijd, ze spreken in de regel alleen de waarheid wanneer ze vertrouwen willen wekken om daarna met des te meer succes te kunnen liegen. Ze liegen tegen burgers, tegen het hof en tegen elkaar. Geheel volgens de regels van het systeem, dat we alleen al om die reden moeten afbreken. Mensen met een geweten overleven hierin niet.

De gevangenis bracht een interessante man op mijn pad. Als oplichter maakte hij deel uit van een 'rechtshandhavende bende'. Aan het hoofd van de bende stond een hoge ambtenaar van het OM, verder zaten er een stuk of tien rechercheurs in, een douanebeambte, en nog wat andere ambtenaren, een burger-contactpersoon (mijn buurman) en een of andere zakenman.

De gebruikelijke opzet: de douanier zocht uit voor wie er een partij handel binnenkwam, de procureur (toen nog procureur) maakte er een strafzaak van, de rechercheurs namen de spullen in beslag en deden ze over aan de zakenman om ze te verkopen, maar voor een symbolisch bedrag, dat werd afgedragen 'ter compensatie van de schade'.

De eigenaars mochten, zolang hun proces liep, in de gevangenis rotten, na afloop werden ze vrijgelaten of kregen ze nog veel meer aan hun broek, afhankelijk van hoe vlug van begrip ze waren.

En zo ging het door tot de bende op een goede dag met een hoger echelon in botsing kwam.

De procureur verdween naar Armenië, de rechercheurs kwamen er vanaf met een uitreisverbod, maar de burgerleden van de groep eindigden in het huis van bewaring. Het hemd is nu eenmaal nader dan de rok.

Ondanks alles blijft mijn buurman oprecht geloven in de instanties die het recht handhaven. 'Het onderzoek zal het uitwijzen' is zijn vaste commentaar op ieder hemeltergend voorval dat via celgenoten of de televisie ons ter ore komt.

In het begin werden we hier razend van. Naïevelingen met een dergelijk vertrouwen in 'het onderzoek' vind je niet onder volwassen gevangenen. Maar later zag ik ook het voordeel van deze manier van denken. Zie ik bijvoorbeeld op de televisie beelden van de kapitale villa van een hoofdcommissaris, zo een van tientallen miljoenen dollars met vergulde toiletten en allerlei dure spullen, dan vraag ik meteen:

'En niemand wist hiervan? Hoeveel zou hij zijn leidinggevenden toegeschoven hebben? Wat zal het onderzoek uitwijzen?'

'Het onderzoek zal alles duidelijk maken,' begint mijn celgenoot. 'Dat huis hebben de kinderen van die commissaris bij elkaar verdiend, gewoon met hun werk in een staatsbedrijf. Hij is door criminele elementen die hij op de huid zat in diskrediet gebracht. Als hij al iets verkeerd heeft gedaan, dan is dat een kwestie van dienstverzuim.'

Toen ik dat voor het eerst hoorde dacht ik dat hij een grapje maakte. Maar hij meende het en een paar weken later werd zijn versie bevestigd door de officiële persvoorlichter van een 'achtenswaardige' onderzoekscommissie.

En zo ging het steeds: of het gaat om de zoveelste boef uit semioverheidskringen of om een walgelijk ongeluk met een dronken smeris die een vrouw en kind doodrijdt, onze celgenoot verklaart dat het onderzoek alles duidelijk zal maken, en komt met een volslagen krankzinnige versie van het incident: 'ze gooiden zichzelf voor de auto', 'hij werkte daar allang niet meer', iets in die geest. Kort daarop wordt zijn versie bevestigd door een officieel persoon. Hij krijgt steevast gelijk.

Maar aan alles komt een eind. Ook hij moet zijn vonnis aanhoren. Niemand is verbaasd wanneer de rechercheurs voorwaardelijk vrijkomen, de zakenman tien jaar krijgt en hijzelf veertien.

Het onderzoek heeft alles duidelijk gemaakt.

Dat zeggen we niet tegen onze celmaat, dat zou onmenselijk zijn. Het blijft stil in de cel.

Na een paar dagen komt onze buurman weer tot zichzelf en gaat cassatieverzoeken schrijven:

'Niets aan de hand, het onderzoek zal alles duidelijk maken.'

Kort daarna wordt hij overgeplaatst, maar, zo meldt de gevangenistamtam, zijn verzoek is niet ingewilligd.

Mocht u eens op de televisie horen: er is een strafrechtelijk onderzoek gestart naar, of: onderzoek heeft uitgewezen dat, overweegt u dan, ook al is het maar heel even, of deze tekst niet door een collega van onze buurman-oplichter voorgelezen wordt.

Ik hoor zijn stem in ieder geval onmiskenbaar doorklinken in de regelmatige verklaringen van persvoorlichters van onderzoekscommissies.

DE DIEF

Er zijn mensen voor wie gevangenschap en vrijheid op hetzelfde neerkomen.

Hij laat zich Roestam noemen, hoewel op zijn ID-kaart iets anders staat. Dat klopt trouwens ook niet, hij is met valse documenten in de gevangenis gekomen en daar maakt hij geen geheim van.

Volgens hem heeft hij tegen de smeris die hem ondervroeg gezegd dat hij anders heette en dat hij al enige tijd gezeten had in Rusland, maar die wuifde dat weg: 'Hou je waffel. Waag het eens dat tegen de rechter te zeggen. Dan krijg ik de hele zaak nog eens op mijn bord en kan ik niet met vakantie...'

'En wat kon het mij schelen?' Roestam trekt zijn schouders op. 'Voor hem hoefde het niet en voor mij ook niet. Ik werd veroordeeld alsof het de eerste keer was en daarom zit ik hier. Als ik alles geweten had, was ik er nooit mee akkoord gegaan.'

'Hoezo, had je liever streng regime gehad?'

'Zeker weten.' Hij knijpt zijn ogen dicht bij de prettige herinnering. 'Ik heb in Krasnodar gezeten. Ik had alles, ik wilde daar echt niet weg. De chef zei ook: waarom voorwaardelijk vrij. Wat kom je hier tekort? Zit je straf uit! En dat heb ik gedaan.'

Roestam is Tadzjiek en dief. Hij houdt van zijn vak en voor geen goud zou hij iets anders willen. Hij loopt al tegen de veertig maar dit is pas de tweede keer dat hij opgepakt wordt. Hij kreeg vier jaar. Voor hem niet meer dan een aanvaardbaar beroepsrisico.

'Eigenlijk werden we best vaak gesnapt,' geeft hij toe. 'We beroven meestal markten en pakhuizen, de buit is vrij groot. De politie weet waar ze ons op moeten wachten. Meestal komen we tot een deal, maar deze keer had ik, stommeling die ik was, geen geld bij me. Dus kon ik me er niet uitkopen. Het waren nieuwen. Als het bekenden waren geweest had ik ze achteraf nog wat kunnen brengen. Pech gehad.'

Roestam vertelt sowieso graag verhalen. Op de werkplaats staan we naast elkaar. Het werk is saai. Ik luister geïnteresseerd.

'Op een keer kregen we een tip over een pakhuis, er zou een kluis met geld zijn. We huren een bestelauto, we beloven de knul die rijdt dat we hem achteraf betalen. We gaan het pakhuis in, wat zien we, acht kluizen! We laden ze allemaal in. Omdat we er toch zijn, nemen we meteen ook nog wat kratten boter, honing en jam mee, wat er zo ligt bij elkaar. Je rijdt niet weg met een halflege auto, toch?'

Roestam zoekt in mijn ogen naar begrip. Ondanks mezelf lach ik. De verteller is tevreden.

'Wij dus terug, kluizen uitladen, de chauffeur wacht buiten. We openen de kluizen: zit er geen geld in. Helemaal niets. Wel papier en stempelmeuk, maar verder niks. Moeten we bij de chauffeur mee aankomen, dat gelooft hij nooit. Maar er zit niks anders op, dus ik ga naar hem toe om het hem te vertellen. Ik zeg, zo en zo, de safes zijn leeg, niet boos worden, neem het eten maar mee. Die vent knikt, kijkt me meewarig aan en zegt: "Je hebt je de hele nacht verrot gewerkt, hier, pak aan," en hij trekt een paar biljetten uit zijn portefeuille. Ik neem ze aan en ga terug naar de anderen. Die paar duizend konden we goed gebruiken.'

We beginnen allebei te lachen.

'Wat ga je hierna doen?'

Roestam is openhartig:

'Ik ga naar huis voor een ander paspoort en dan of terug naar Moskou, of via Turkije naar Frankrijk. Ik ken daar een boel mensen. Die helpen me wel.'

'Je blijft bij je leest?'

'Kan ik iets anders dan?'

Een maand later nemen we afscheid. Roestam wordt voorwaardelijk vrijgelaten, hij belooft me te zullen schrijven. Algauw krijg ik een kort briefje met een foto van hem en het goede leven: hij is een paar kilo aangekomen, op de achtergrond smetteloze huisjes en de zee.

Geen adres, maar hij schrijft de jongens regelmatig en doet ze de groeten.

DE RAT

Rat, dat is in het kamp de naam voor iemand die zijn maten besteelt.

NN is klein en kalend, hij heeft donkere, bijna zwarte ogen, is heel levendig, maar het lijkt alsof hij altijd op zijn hoede is. Hij heeft een vast plekje gevonden in de kampkeuken, officieel heet dat 'de eetzaal'.

Hier kun je na het werk theedrinken, of een simpele sandwich opwarmen in de magnetron als er tenminste iets is om er eentje van te maken. Trouwens, gewoon een plakje brood uit de kantine is ook niet verkeerd.

De een heeft het beter voor elkaar dan de ander: sommigen ontvangen regelmatig postpakketjes of kunnen in de winkel iets boven het toegestane armetierige bedrag besteden. Alles is bereikbaar als je een vak beheerst, als je werkt of als je familie je niet vergeet.

Dit alles natuurlijk ondanks het officiële verbod 'voorraden' onder elkaar te herverdelen. Delen doe je met je maat, met de man naast je aan tafel of in de barak, en je betaalt voor kleine diensten als de was doen of verstelwerk.

Werken in de keuken is niet bepaald een prestigebaantje maar het schuift wel. De tafel afvegen, heet water halen, de afwas doen, een worst snijden, het zijn allemaal dingen waar een mens na een zware werkdag geen zin meer in heeft. En als dank krijg je altijd wel een kop thee, snoeperij of een stuk worst dat iemand van thuis gekregen heeft.

Trouwens, het grootste deel van de levensmiddelen wordt uitgerekend hier bewaard, onder de controle van NN, die moet onthouden wat van wie is, waar het is en wie bij wie iets in bewaring heeft, zodat niemand per ongeluk iets van een ander pakt. Daarom was ik ook een beetje verbaasd toen ik werd getrakteerd op mijn eigen koffie. Die herken ik meteen aan de smaak.

'Hoe kom je hieraan?'

'Van NN gekregen, voor sigaretten geruild, bedoel ik. Hoezo?'

'Het is mijn koffie, en ik heb er nog niemand iets van gegeven.'

'Dan hebben we een rat in huis.'

Diefstal van celmaten is binnen de gevangenismores een van de zwaarst mogelijke beschuldigingen. 'Rat' is een weinig benijdenswaardige bijnaam en positie. Het ligt voor de hand waar dat in zit:

een groep opgesloten mannen en veel opgekropte agressie. Verdenking over en weer geeft gemakkelijk aanleiding tot een keihard conflict, en het onderzoek wordt snel en grondig afgehandeld.

De locker van de verdachte wordt opengebroken. De verpakking die we daar aantreffen wordt nauwkeurig vergeleken met die uit mijn tas. Geen twijfel mogelijk. Al zijn persoonlijk spullen worden gecontroleerd. Er ligt een letterlijk een berg levensmiddelen. Ze worden uitgestald voor de ware eigenaars, die al snel gevonden worden.

Het levert veel kort commentaar op:

'Ik dacht al, waar is dat gebleven?'

'Kijk nou, heb ik voor niks op mijn donder gehad.'

Onvindbaar blijven nogal opvallende Moskouse pralines, die een van ons van zijn vrouw gekregen heeft en die nu bij de inspectie van zijn plunjezak niet boven water komen. Nog een rat?

Een paar uur later wordt NN met zijn spullen weggeroepen. Hij wordt overgeplaatst naar een andere afdeling. Ook de leiding heeft haar informanten en weet welk risico een rat loopt te midden van een woedend gezelschap. Dat weten ze maar al te goed.

Voor zijn overplaatsing wordt hij nog een keer gefouilleerd. En daar zijn de pralines. In de mouwen van zijn jasje genaaid!

Wanneer heeft hij dat geflikt? We kijken elkaar zwijgend aan.

's Avonds laait de discussie op: waar had hij dat allemaal voor nodig? Hij kon het onmogelijk allemaal op. Vroeg of laat moest het wel ontdekt worden. Honger kon het niet zijn, ieder deelt alles met iedereen. Niemand zou hem iets weigeren. Een kleptomaan? Daar leek hij niet op. Het bleef een raadsel.

Zulke raadsels kom je trouwens vaker tegen als je beetje oog hebt voor de huidige 'cultuur' in ons land. Het is grijpen en graaien. Mensen kopen eilanden en gigantische kille villa's, ze laten kastelen en jachten bouwen bij de vleet, ze vullen hun garages met peperdure auto's waar ze nooit in rijden en hebben koffers vol juwelen die niemand zou durven dragen. Alsof ze het eeuwige leven hebben. Alsof ze niet doorhebben dat dit niet verborgen kan blijven en dat het met geen enkel salaris te verklaren is.

Kleptomanie?

Biedt de omvang van je vermogen een bedrieglijk gevoel van 'stabiliteit'?

Zijn ze gewoon dom? Nog dommer is de opvatting: 'Ze hebben al zoveel bij elkaar gestolen, laat maar zo'.

In de barak zul je dat niet gauw horen. Hier weten we heel goed dat een rat niet uit zichzelf stopt. Die moet je stoppen met meer of minder humane methoden.

Helemaal vreemd is het om iets positiefs te verwachten van 'stabiliteit', wanneer het hele politieke regime geleidelijk aan verandert in een horde inhalige, kwaaie ratten...

TWEE KANTEN VAN WETTELOOSHEID

Over het verschil en de overeenkomst tussen 'rode' en 'zwarte' zones.

In de Russische kampen zijn er twee soorten wetteloosheid: 'rood' en 'zwart'. Zowel de ene als de andere variant is gebaseerd op een nauwe samenwerking tussen de kampleiding en de criminelen, die elk hun eigen, meestal bijzonder lucratieve belangen najagen. Die in de zwarte zone krijgen hun inkomsten in de regel uit drugshandel, die in de rode uit afpersing. Overigens zijn het ook hier de uitzonderingen die de regel bevestigen.

De methoden blinken bepaald niet uit in variatie: mishandeling in verschillende graden van zwaarte en intensiteit. Meestal zijn het de gevangenen zelf die erop los slaan, in het geniep aangemoedigd door de leiding. Al houdt het personeel ook wel van een 'warming-up'.

Een voorwaardelijke invrijheidstelling kost overal en altijd geld.

De voorstelling van zaken dat in de zwarte zones de criminele bazen de touwtjes in handen hebben en tegenover de kampleiding staan, komt niet overeen met de werkelijkheid, al heel lang niet meer. Het verschil is eigenlijk vooral esthetisch: in de rode zone heerst een meer uiterlijke discipline, in de zwarte gelden geheime regels en ideologieën. In de rode is de kampleiding duidelijk zichtbaar, in de zwarte verstopt zij zich achter de ruggen van de criminelen.

De laatste jaren is de situatie geleidelijk aan veranderd: roden en zwarten maken plaats voor de, in het hele land gebruikelijke, bureaucratische wetteloosheid. Veel minder fysiek geweld, des te meer papiertjes, reglementen en selectieve wetstoepassing. De wet is dus nog altijd geen dogma, maar er vallen zo in ieder geval minder slachtoffers.

Vjatsjeslav is een stoere kerel, achter in de dertig, met vuurrood haar. Hij zit al een tijdje, sinds 2002. Hij was lid van een keiharde plaatselijke bende, maar er was geen bewijs voor medeplichtigheid bij een moordzaak en dus werd hij, nadat ze hem bijna al zijn tanden uit zijn mond hadden geslagen, veroordeeld voor afpersing. In de bajes ging Vjatsjeslav met de leiding samenwerken en hij was de aangewezen persoon om mij wegwijs te maken. De standaard ontgroeningsprocedure werkt niet bij mij, slaan mag niet, de wet ken ik beter dan hij en voorwaardelijke invrijheidstelling zit er voor mij toch niet in. Dus na een paar dagen stappen we over op gesprekken van hart tot hart.

Mijn eigen tekst voor zulke gevallen ken ik zo langzamerhand uit mijn hoofd, maar het verhaal van een typische vertegenwoordiger van het rode kamp is wel interessant. In zijn woorden klinkt een onverholen haat tegen de mensen die zijn leven kapotgemaakt hebben. Én tegen misdadigers én tegen de overheid.

Over zijn verleden in het kamp praat hij niet graag, maar hij liegt er niet over.

'Heb je mensen in elkaar geslagen?'

'Tegenwoordig is het alstublieft vóór en dankuwel na,

dat weet u ook, maar vroeger... ik sloeg erop los. Ik had geen keus. Je wordt geroepen en krijgt te horen: 'Die en die moet bewerkt worden.' Doe je het niet, dan krijg je zelf een 'grote beurt' in de isoleer.

'Deed je het ook voor de lol?'

'Natuurlijk niet. Ik zet iemand ook zonder geweld wel op z'n plaats. Maar dat snappen ze toch niet. "Watje," zeggen ze dan. Hoewel, je zal ze maar de kost geven die er wel lol in hebben. Gevoel van macht, he?'

'Krijg je straks buiten geen problemen? Ze kunnen je opwachten.'

'Kan. Sommigen worden echt opgewacht. Niet allemaal natuurlijk. Niet als je met de broodwagen meteen naar de trein gebracht wordt. Maar dan weten ze je evengoed te vinden. Alleen beginnen ze er pas een paar maand voor ze vrijkomen over na te denken. Achterlijke lui hier.'

Vjatsjeslav zucht diep, opent en sluit zijn eeltige knuisten. Hij wordt duidelijk niet blij van dit gesprek. Over een jaar komt hijzelf vrij.

Onwillekeurig moet ik denken aan de duizenden die zijn zoals hij, aan de buitenkant zijn ze uiterst fatsoenlijke dienaren van het huidige regime, maar over hooguit tien jaar liggen ze 's nachts net zo te tandenknarsen, omdat ze weten dat hun dagen geteld zijn en wetteloosheid twee kanten heeft.

DE VADER

Soms is het kamp een persoonlijke keuze.

Konstantin is opzichter in de quarantainebarak. De quarantaine is een aparte barak, waarin alle nieuwkomers voor een of twee weken worden ondergebracht, zodat infectieziekten en de ziel van de persoon in kwestie aan het licht kunnen komen. Op basis van de uitkomst worden de mensen verdeeld over de verschillende groepen. De 'schouw' in de quarantaine kan trouwens linksom of rechtsom ook het leven in de groep zelf bepalen. Vandaar dat alleen serieuze types als opzichter in de quarantainebarak worden aangesteld. Er is ook nog zoiets als een 'rode quarantaine', maar dat is een ander verhaal en kan beter rechtstreeks besproken worden met de onderzoeksbrigade. Een voorrecht dat ik gelukkig niet genoten heb.

Konstantin, zo stelde hij zich aan me voor, is een, naar de plaatselijke maatstaven, wat oudere man, ruim boven de veertig, stevig, met een rustige blik in zijn donkere, bijna zwarte ogen. We geven elkaar een hand. In de quarantaine is het tamelijk saai, er zitten voornamelijk jonge jongens. Geleidelijk aan raken we in gesprek.

Konstantin is chauffeur, maar heeft zijn hele leven met schapen gewerkt. Hij verzorgde de kudden van de plaatselijke sovchoz. Deze staatskudden tellen wel negenduizend stuks vee. Hij verkocht lammeren onderhands. Toen hij betrapt werd, bekende hij meteen. De schade werd op een miljoen roebel becijferd en ze boden hem de kans het bedrag terug te betalen, maar die weigerde hij. Het vonnis luidde negen jaar. Zes heeft hij er al op zitten en hij gaat ervan uit dat hij binnenkort vervroegd wordt vrijgelaten.

'Ze zeiden dat ik vrij zou komen.'

'En was het het waard?' vraag ik.

Hij aarzelt geen moment. 'Natuurlijk! Nu studeert mij dochter in Sint-Petersburg. Een topstudent. Waar was ze anders terechtgekomen? In het uranium? Op een verrijkingsfabriek? Dat nooit! Mijn vrouw en ik zijn blij voor haar.'

'Wat ga je straks doen?'

'Ik kan weer terug als chauffeur. Dat hebben ze beloofd. Ze weten dat ik van andermans spullen afblijf. Alles is nu geprivatiseerd, de eigenaars zijn allemaal van eigen mensen, uit de buurt. En je eigen mensen bestelen is wel het laatste.'

'En nog naar Petersburg? Naar je dochter?

'Met mijn vrouw? Daar hebben we het geld niet voor. En ze zit er nu al zo'n tijd.'

We drinken thee. Twee niet al te jonge mannen, die allebei uit vrije keuze de gevangenis in gingen. Thuis wordt er op ons gewacht, maar wij zitten hier en dat is onze eigen beslissing. Goed of fout, wie zal het zeggen? Ik ben de laatste die Konstantin veroordeelt.

VERSLAAFD

Zijn hele verschijning heeft iets troosteloos'. Hij is lang, tegen de twee meter, mager, zijn schouders hangen en zijn neus is meermalen gebroken geweest. Oleg staat met zijn kleine oogjes en zijn opvallend grote, gezwollen handen aan zijn lange armen altijd ergens op de bovenverdieping.

Dat is ook de reden waarom iedereen hem 'Boven' noemt.
'Hé Boven, waar is Abdoelaev? Ze zoeken hem!'
'Boven, roep iedereen, de inspecteur is in aantocht!'
'Boven, haal de huismeester!'

Zo gaat het de hele dag. Hij is de assistent van de barakoudste, een levende omroepinstallatie.

Dat is niet altijd zo geweest. Op die post stond ooit een beroepsverklikker die niet te beroerd was om iets dat verboden bezit is, een wetstaal bijvoorbeeld, in het nachtkastje van een persoon die hem niet aanstond te moffelen en daarna tegen de inspecteur zeggen dat hij daar 'maar eens goed moest zoeken'.

Hij voelde zich de baas van de verdieping, hij schopte medegevangenen die zich niet konden verweren en ging tegen ze tekeer. Maar hij voelde niet aan waar de grens lag. Na een kort, fel handgemeen kwam hij in de isoleercel terecht en werd overgeplaatst naar een ander kamp.

En nu hebben we Oleg. Rustig, plichtsgetrouw, maar pertinent weigerend een ander te commanderen of te verlinken. Op een dag zijn we samen aan het sneeuwruimen en komen we in gesprek.

Hij is dertig en heeft al een lange drugscarrière achter zich. Hij heeft al jaren aids, maar op dit moment houdt zijn immuunsysteem het nog, al heeft hij wel altijd open wonden op zijn benen. Voor hij in de gevangenis kwam, was hij slager. Hij deed zijn werk met plezier en kreeg een fatsoenlijk salaris. Genoeg om drugs van te kopen.

De dosis werd steeds hoger. Hij moest op minder goede kwaliteit overstappen. Toen ze hem oppakten werd hij vanwege de hoeveelheid die hij bij zich had meteen ingesloten voor drugsbezit. Hij werd stevig aangepakt maar hij verraadde zijn dealer niet. Dus moest hij zitten.

Zijn partner heeft ook aids. Zij is wees. Hij heeft alleen zijn moeder nog. Ze had een redelijk goed inkomen. Ze kon ervan rondkomen. Maar toen werd ze ziek en werd het krap. Zijn vrouw en zijn moeder wonen samen. Zijn vrouw weegt 45 kilo, terwijl ze 1,70 lang is. Ze is vreselijk bang dat ze het niet redt tot hij vrijkomt.

Op de vraag waarom ze geen medicijnen neemt, laat Oleg een tandeloze grijns zien.

'Als je daaraan begint, moet je blijven slikken. Anders wordt het nog erger. Maar je krijgt ze maar een halfjaar gratis, het halfjaar daarop niet. En betalen kunnen ze niet, veel te duur. Dus als ik vrijkom...'

En dan heel zacht: 'Als ze dan nog leeft...'

'Maar neem me niet kwalijk, Oleg, hoe kan het dat je je leven zo verknald hebt? Waarom ben je niet gestopt met drugs?'

'Dat heb ik gedaan, meer dan eens, maar dan kwamen mijn vrienden langs en begon alles opnieuw. Ik heb de kracht niet. Als ik hier uitkom, moet ik verhuizen. Maar waarheen? En hoe? En mijn vriendin, mijn moeder...'

Zuchtend gaat hij door met sneeuwschuiven, terwijl die als een eindeloze nevel blijft vallen. Een dorre, droevige gestalte tegen een achtergrond van witte, dwarrelende vlokken.

VERRAAD

Het is voor een gedetineerde van levensbelang dat er buiten de poort iemand is die op hem wacht en van hem houdt.

In het kamp zijn het, niet anders dan aan de andere kant van het prikkeldraad, de ouderen die lezen. De jonge mensen kijken liever televisie, en dan vooral videoclips.

Daardoor alleen al valt de jongen met zijn onafscheidelijke boek ongewild op, daardoor en door zijn goedmoedige glimlach.

Verder ziet hij er niet anders uit dan anderen. Ze lopen hier genoeg rond: van die jongens met een montere blik en een stuk of wat tatoeages, een aandenken uit het jongerenkamp. In de volwassenengevangenissen is het tegenwoordig niet populair je te laten 'volprikken'.

Op een dag komt hij naar me toe en vraagt om een boek. Ljosja (zo heet hij) blijkt van fantasy te houden, hij heeft zijn school afgemaakt en is opgepakt op artikel 158, diefstal dus. Met vrienden struinde hij onbewoonde datsja's af en werd gesnapt. Meer dan eens. Hij kwam in een kolonie voor jongeren terecht. Daar werd hij achttien. Hij werd hier geplaatst om zijn tijd uit te zitten. Hij zit hier nu twee jaar en komt binnenkort voor voorwaardelijk in aanmerking.

Dan valt het me op dat Ljosja, in plaats van zoals gewoonlijk te zitten lezen, nerveus door de barak heen en weer loopt en van tijd tot tijd wanhopige gebaren maakt, alsof hij een uitzichtloos gesprek met iemand voert.

Ik ga naar hem toe.

'Wat is er aan de hand?'

'Problemen met voorwaardelijk.'

'Wat voor problemen?'

Het kamp kent twee soorten problemen met de voorwaardelijke invrijheidstelling (als je corruptie niet meetelt: dat is een probleem en een oplossing tegelijk). Ten eerste is het moeilijk voorwaardelijk voor elkaar te krijgen als je trammelant hebt met de leiding. Het tweede soort, 'de preventieve voorziening', staat voor de onwettige praktijk waarbij de Federale Penitentiaire Dienst op de stoel van de rechter gaat zitten en restricties oplegt aan de vervroegde invrijheidstelling, afhankelijk van de gepleegde misdaad.

Maar dat is duidelijk hier niet het geval: er is niks bijzonders aan de gedetineerde of de misdaad.

'Dus waar zit het probleem?' vraag ik.

Nu knapt er iets bij Ljosja. Het hele verhaal stroomt eruit.

Zijn vader dronk. Hij is kortgeleden overleden. Zijn moeder dronk ook. Ze werd uit de ouderlijke macht ontzet. Zijn twee zusjes en hij werden ergens onder dak gebracht. Toen kreeg zijn moeder kanker en moest geopereerd worden. Ze stopte met drinken. Ze haalde de meisjes op, maar hij moest naar een kindertehuis. Dat trof hem als een dolk in zijn hart. Van het kindertehuis ging hij naar een strafkolonie. Zijn zusjes werden groot, ze zijn nu 18. Zijn moeder leeft nog, alles is oké. Een halfjaar geleden beloofden ze dat ze op bezoek zouden komen. Een week lang liep hij het hele kamp af. Hemel en aarde heeft hij bewogen om een medegevangene zo ver te krijgen dat die hem zijn bezoekreservering afstond (in het kamp zijn de kamers daarvoor lastig te bemachtigen).

Hij wachtte en wachtte. Mensen zijn hier op een bezoekdag al vanaf de ochtend van slag; dat zie je verder alleen vlak voordat ze vrijkomen. Ze kwamen niet. 'Het lukte niet,' was alles wat hij een week later over de telefoon te horen kreeg.

Weer een dolkstoot.

En nu zit de voorwaardelijke invrijheidstelling er aan te komen. In onze bureaucratische politiestaat moet je om uit een strafkolonie ontslagen te worden verklaringen (desnoods compleet vervalst) kunnen overleggen dat je een huis en werk hebt.

Hij vroeg zijn moeder en zussen erom. 'Geen tijd,' zeiden ze.

'Waar moet ik heen, en waarom zou ik nog.' Daarmee is Ljosja uitgepraat.

Het is me duidelijk dat de paperassen het probleem niet zijn. Die zijn zo in elkaar geflanst, voormalige celgenoten willen altijd helpen. Ljosja heeft geen houvast. Geen meisje, laat staan een vrouw. Waar had hij die aan de haak moeten slaan? Hij zit zo ongeveer vanaf zijn zestiende in de gevangenis. Zijn vader heeft hij verloren en nu blijkt dat zijn moeder en zussen hem niet moeten.

Ik heb niks te zeggen, behalve het cliché 'Kop op jongen!'

En ik erken met schaamte dat ik ook nog blijdschap in mezelf bespeur dat ik nooit zo verraden zal worden. Dat er mensen zijn die op me wachten en van me houden.

Bedenk eens hoeveel van dit soort eenzame jongens in onze gevangenissen zitten. Hoeveel zitten daar niet juist doordat ze wanhopig op zoek waren naar aandacht, naar het gevoel iets te betekenen in een wereld waar zelfs hun naaste familie hen als vreemden behandelt.

Hij zwerft nog een dag rond. Dan raakt hij om een futiliteit in de clinch met een andere gevangene. Dat levert hem een taakstraf van een week op. Daarna raapt hij zichzelf bij elkaar en vraagt zijn vrienden de benodigde documenten te regelen.

Uiterlijk lijkt alles in orde.

Alleen glimlacht Ljosja haast nooit meer.

DE NAZI

In de gevangenis weet je eigenlijk nooit wie je tegenkomt. Zo wil het geval dat ik op mijn werkplek vooral te maken heb met mensen uit Tadzjikistan en Kirgizië. Ze spreken Russisch, maar geven natuurlijk de voorkeur aan hun moedertaal. In mijn aanwezigheid doen ze uit beleefdheid hun best daar niet op terug te vallen en daarom ga ik vaak, om het hun gemakkelijk te maken, naast een lange kerel zitten die net als de meesten donker is, maar liever Russisch spreekt omdat dat duidelijk zijn moedertaal is.

Hij blijkt voor de helft Litouwer te zijn, uit Novosibirsk. En een nazi in hart en nieren, hij is lid van een van de vele nationaalsocialistische groeperingen die Rusland telt. Volgens Aleksandr, zo heet hij, lopen er in ons kamp 'slechts' twaalf nazi's rond. Ze zijn allemaal veroordeeld om een misdaad die ze als minderjarige gepleegd hebben en waardoor ze onder het normale gevangenisregime vallen. Hijzelf maakte bommen en liep tegen de lamp. Hij had nog meer op zijn kerfstok, vandaar de hoge straf: zeven jaar. Hij zit vanaf zijn zeventiende vast en is nu negentien.

Aleksandr is geen domme jongen, hij heeft zijn middelbareschooldiploma in de gevangenis gehaald, interesseert zich voor filosofie en politiek en is van plan verder te studeren. Hij rookt niet en zegt dat hij nooit gedronken heeft.

Ons werk is saai. Je kunt gemakkelijk ondertussen wat praten en ik ben nieuwsgierig. Nooit heb ik kunnen begrijpen hoe in een land dat in de strijd tegen het nationaalsocialisme zoveel mensen verloor, het nazisme kon opkomen. Dus stel ik vragen. Aleksandr antwoordt met plezier en naar zijn beste kunnen.

Toen hij dertien was kwam hij in een nationaalsocialistische cel: hij zag een affiche in het trappenhuis hangen en meldde zich aan. Hij bewondert Hitler als voorvechter van de hegemonie van het blanke ras. Hij is van mening dat het gele en het zwarte ras (over roodhuiden heeft hij niet nagedacht) geen volwaardige mensen zijn. Daar horen volgens hem, om wat voor reden dan ook, ook immigranten uit de Centraal-Aziatische GOS-landen en de Noord-Kaukasus bij.

De Holocaust ontkent hij, net als de concentratiekampen. Hij leest literatuur van dezelfde strekking. Joden behandelt hij niet vijandig, maar wel spottend, zo van: al die verschrikkingen hebben ze zelf bedacht. Met plezier vertelt hij over de SS-marsen die ze in de Baltische staten gehouden hebben en trots laat hij zijn hakenkruistatoeage zien.

Zijn vriendin is ook nazi. Ze hebben elkaar leren kennen op een neonazistische site, in een van de korte momenten dat hij in afwachting van zijn proces op borgtocht vrij was. Ze hebben trouwplannen.

De gesprekken krijgen surrealistische trekjes door de omgeving. Voortdurend klinkt in niet-accentloos Russisch: 'Sasja, een kistje!' Aleksandr reikt de betreffende collega netjes een ingepakt kistje aan en vraagt op zijn beurt: 'Pakpapier.' Onze gesprekken worden ongetwijfeld gevolgd, soms komt er goedmoedig commentaar.

'Sasja,' vraag ik, 'wat gaan jullie met de immigranten doen?'
'Deporteren.'
'En met de economie?'
'Nationaliseren.'
'En wie doen het werk dan?'
'De Russen.'
'En de bedrijfsleiding?'
'Nationaalsocialisten met visie.'
'Maar waar halen jullie de juiste vakmensen met nationaalsocialistische ideeën vandaan?'
'Die leiden we op.'

Economie is trouwens niet Sasja's sterkste kant en na twee, drie uur ongedwongen conversatie wordt het hem duidelijk dat het nationaalsocialisme een doodlopende weg is. Ik stel hem gerust door hem te vertellen dat de liberalen openstaan voor alle vormen van maatschappelijk experiment. Als voorbeeld noem ik de Israëlische kibboetsen en ik raad hem aan de economische ideeën daarachter in kleine vrijwillige gemeenschappen uit te proberen.

We stappen over op een gevoeliger thema: nationalisme. Om precies te zijn: racisme. Ook met alledaagse voorbeelden kom ik niet bij hem binnen.

'Maar Sasja, als je kleindochter getint is, dan ga je toch van haar houden?'
'Ik krijg geen getinte kleindochter!'
'Nee, maar stel? Je hebt straks een zoon en die wordt verliefd, hoe weet jij dan wie haar grootmoeder was?'
'Ik krijg geen getinte kleindochter!'
Einde discussie.

Niet dat Aleksandr erg koppig is, maar hier legt de logica het duidelijk af tegen de emotie. Geeft niet, we hebben het er nog wel eens over. Ik gooi het over een andere boeg en probeer er achter te komen hoe hij zich het bestaan van een blanke staat in een gekleurde omgeving voorstelt. Daar is hij snel klaar mee: helemaal niet. Waarna hij refereert aan de successen van Hitler bij het veroveren van Europa.

Niet onvermeld mag blijven dat Hitler als mens onmiskenbaar zijn grote voorbeeld is, de SS en de Gestapo zijn dat als organisatie. Ik wijs op de vriendschap tussen Hitler en de Japanners, 'gelen' in nazi-termen. Daar moet Sasja over nadenken, dan werpt hij tegen: 'Maar ze zijn niet echt geel.'

Ja, zo kan ik het ook: Japanners en Chinezen zijn niet echt geel, Afrikanen en Afro-Amerikanen zijn niet echt zwart, enz. We lachen allebei.

We krijgen het over de Holocaust. Er is geen Holocaust geweest. Sasja weet van geen wijken. Hij heeft in een boekje gelezen dat de crematoria niet genoeg capaciteit hadden om zoveel lichamen te verwerken; voor de gaskamers gold hetzelfde. In de concentratiekampen ging het sowieso heel anders.

'Sasja', zeg ik, 'ik heb persoonlijk mensen gekend die in een concentratiekamp hebben gezeten. In 1978 ontmoette ik voor het eerst zo iemand. Ik was vijftien. Hij vijftig, dus nog niet dement. Hij kwam bij ons op school en heeft erover verteld. En de laatste van mijn kennissen die het concentratiekamp meegemaakt hebben, Tom Lantos, is onlangs overleden. Ze zeggen allemaal: het is echt gebeurd.'

In de gevangenis staat het woord van een ooggetuige boven alle verdenking. Daaraan twijfelen zou een zware belediging zijn. Aleksandr zwijgt. Hij heeft het moeilijk. Ik begrijp hem wel.

De gemeenschap van nationaalsocialisten gaf hem als

jochie al het gevoel erbij te horen, beschermd en nuttig te zijn en een grote zaak te dienen. Je fitnesst samen, gaat samen naar een voetbalwedstrijd en staat samen tegenover een andere jeugdbende, meestal een etnische. Daar, onder gelijkgestemden, heeft hij het meisje leren kennen dat straks zijn vrouw wordt. En nu krijgt hij uit allerlei uithoeken brieven van strijdmakkers. Ze vergeten hem niet in de gevangenis.

En Hitler? Hoe zit het met Hitler? Voor mijn generatie en die van Sasja's ouders is hij een vijand van de mensheid. Voor veel zestien- tot twintigjarigen van nu is hij een historische figuur, zoiets als Dzjengis Khan. Dat is ook het probleem van de laatste jaren, nazi's ouder dan vijfentwintig zijn er amper.

Een staat die de samenleving onderdrukt en het zoekt in de afstomping van het volk, heeft een actueel politiek probleem opgelost. De concurrentie om de macht verzwakt. De bureaucratie krijgt de kans de vruchten te plukken van de algemene apathie en het gebrek aan controle door de politiek. Pas wanneer het land wemelt van de grijze muizen, komen de bruinhemden. Ze zijn gekomen. En ze hebben onze kinderen besmeurd met hun weerzinwekkende drek.

Om Aleksandr kunnen we nog vechten. Wij zijn toch niet minder dan de Duitsers van nu. En zij hebben toch ook orde op zaken weten te stellen.

AMNESTIE

In de gevangenis en in het kamp is amnestie een voorwerp van voortdurende, oeverloze beschouwingen, van geruchten en van verwachting. Zelfs wanneer niemand een reden heeft erin te geloven.

Maar als het magische woord buiten de muren eenmaal gevallen is, ontstaat er een sfeer van gezamenlijke hoop. Elk woord in die richting, van de familie of via de radio, wordt opgepikt en doorgegeven. Stel dat de vrijheid nabij is, al is het maar een maand eerder!

Een voorwaardelijke invrijheidstelling ligt immers niet voor iedereen in het verschiet: vorderingen die onmogelijk betaald kunnen worden, partijdigheid van de kampleiding die in de regel de pest heeft aan bijvoorbeeld al te bijdehante types, informele 'verzoeken' van de kant van een opsporingsambtenaar of rechercheur die de zaak leidde, of zelfs smeergeld van iemand die er belang bij heeft dat de arrestant niet vrijkomt — de varianten zijn oneindig. Schluss. Zittenblijven tot de bel gaat.

Amnestie is als wachten op een wonder!

En ineens is het er. Je krijgt een ontwerptekst in handen. Gretig zoek je naar 'jouw wetsartikel'. En ja, het valt eronder, hoera! Hoop die werkelijkheid lijkt te worden. Je pleegt telefoontjes naar familieleden, proeft hun gemeenschappelijke gespannen vreugde. En dan afwachten.

Alleen de oudgedienden, in wier leven geen plaats meer is voor illusies, glimlachen sceptisch in antwoord op de vragen. Je gaat ze omzichtig uit de weg. Hun scepsis maakt je bang, maar ook boos: hoe kun je niet geloven in een wonder? Je hebt het toch gehoord: het gaat om een brede amnestieverlening, 150.000 mensen, het betreft nog net niet iedereen...

En dan is de dag daar. Iedereen zit aan de radio gekluisterd.

Nee! Dat kan niet! Bijna niemand? Amper tweeduizend uit alle kampen samen? Dat zijn alleen vrouwen, kinderen en invaliden, en dan nog niet eens allemaal... En wij dan? Helemaal niets? Geen dag? Dat bestaat niet.

De oudgedienden kijken ons treurig aan. Ze zijn niet blij met hun gelijk. Alles blijft bij het oude. En zij hebben als altijd te doen met degenen die nog niet zo wijs om zijn te stoppen met geloven.

Wat ook niet meevalt: naar huis bellen. Naar moeders en naar echtgenotes. Ze weten het al en begrijpen alles. Maar toch voelt het alsof het wéér jouw schuld is dat er geen hoop is en je elkaar nog jarenlang niet zult zien.

Hardvochtigheid die hardvochtigheid voortbrengt. Een maatschappij waarin goedheid en mededogen gelijk staan aan dwaasheid. Een land dat allang niet meer onthoofdt, dat de doodstraf heeft afgeschaft en mensen als regel niet meer spietst, maar dat nog steeds niet bereid is voor ieder leven en lot te vechten.

Medemensen, medeburgers, we zijn al met weinig en elk jaar met minder.

Mensen, we zijn een uitstervende soort...

Laten we met elkaar meeleven zolang er nog iemand is.
En nog iets:
Bel uw ouders.

OLANDA

by Rafał Wojasiński

I've been happy since the morning. Delighted, even. Everything seems so splendidly transient to me. That dust, from which thou art and unto which thou shalt return — it tempts me. And that's why I wander about these roads, these woods, among the nearby houses, from which waft the aromas of fried pork chops, chicken soup, fish, diapers, steamed potatoes for the pigs; I lose my eye-sight, and regain it again. I don't know what life is, Ola, but I'm holding on to it. Thus speaks the narrator of Rafał Wojasiński's novel *Olanda*. Awarded the prestigious Marek Nowakowski Prize for 2019, *Olanda* introduces us to a world we glimpse only through the window of our train, as we hurry from one important city to another: a provincial world of dilapidated farmhouses and sagging apartment blocks, overgrown cemeteries and village drunks; a world seemingly abandoned by God — and yet full of the basic human joy of life itself.

Buy it > www.glagoslav.com

GŁOSY / VOICES
by Jan Polkowski

In December 1970, amid a harsh winter and an even harsher economic situation, the ruling communist regime in Poland chose to drastically raise prices on basic foodstuffs. Just before the Christmas holidays, for example, the price of fish, a staple of the traditional Christmas Eve meal, rose nearly 20%. Frustrated citizens took to the streets to protest, demanding the repeal of the price-hikes. Things took an especially dramatic turn in the northern regions near the Baltic shore — later, the cradle of the Solidarity movement, which would eventually spark the fall of communism in Poland and throughout Central and Eastern Europe — where the government moved against their citizens with the Militia and the Army. Forty-one Poles were murdered by their own government when militiamen and soldiers opened fire with live rounds on the crowds in Gdańsk, Gdynia, Szczecin and Elbląg.

Jan Polkowski's moving poetic cycle *Głosy* [Voices], presented here in its entirety in the English translation of C.S. Kraszewski, is a poetic monument to the dead, their families, and all who were affected by the 'December Events,' as they are sometimes euphemistically referred to.

A BILINGUAL EDITION

Buy it > www.glagoslav.com

Glagoslav Publications Catalogue

- *The Time of Women* by Elena Chizhova
- *Andrei Tarkovsky: A Life on the Cross* by Lyudmila Boyadzhieva
- *Sin* by Zakhar Prilepin
- *Hardly Ever Otherwise* by Maria Matios
- *Khatyn* by Ales Adamovich
- *The Lost Button* by Irene Rozdobudko
- *Christened with Crosses* by Eduard Kochergin
- *The Vital Needs of the Dead* by Igor Sakhnovsky
- *The Sarabande of Sara's Band* by Larysa Denysenko
- *A Poet and Bin Laden* by Hamid Ismailov
- *Zo Gaat Dat in Rusland* (Dutch Edition) by Maria Konjoekova
- *Kobzar* by Taras Shevchenko
- *The Stone Bridge* by Alexander Terekhov
- *Moryak* by Lee Mandel
- *King Stakh's Wild Hunt* by Uladzimir Karatkevich
- *The Hawks of Peace* by Dmitry Rogozin
- *Harlequin's Costume* by Leonid Yuzefovich
- *Depeche Mode* by Serhii Zhadan
- *Groot Slem en Andere Verhalen* (Dutch Edition) by Leonid Andrejev
- *METRO 2033* (Dutch Edition) by Dmitry Glukhovsky
- *METRO 2034* (Dutch Edition) by Dmitry Glukhovsky
- *A Russian Story* by Eugenia Kononenko
- *Herstories, An Anthology of New Ukrainian Women Prose Writers*
- *The Battle of the Sexes Russian Style* by Nadezhda Ptushkina
- *A Book Without Photographs* by Sergey Shargunov
- *Down Among The Fishes* by Natalka Babina
- *disUNITY* by Anatoly Kudryavitsky
- *Sankya* by Zakhar Prilepin
- *Wolf Messing* by Tatiana Lungin
- *Good Stalin* by Victor Erofeyev
- *Solar Plexus* by Rustam Ibragimbekov
- *Don't Call me a Victim!* by Dina Yafasova
- *Poetin* (Dutch Edition) by Chris Hutchins and Alexander Korobko

- *A History of Belarus* by Lubov Bazan
- *Children's Fashion of the Russian Empire* by Alexander Vasiliev
- *Empire of Corruption: The Russian National Pastime* by Vladimir Soloviev
- *Heroes of the 90s: People and Money. The Modern History of Russian Capitalism* by Alexander Solovev, Vladislav Dorofeev and Valeria Bashkirova
- *Fifty Highlights from the Russian Literature* (Dutch Edition) by Maarten Tengbergen
- *Bajesvolk* (Dutch Edition) by Mikhail Khodorkovsky
- *Dagboek van Keizerin Alexandra* (Dutch Edition)
- *Myths about Russia* by Vladimir Medinskiy
- *Boris Yeltsin: The Decade that Shook the World* by Boris Minaev
- *A Man Of Change: A study of the political life of Boris Yeltsin*
- *Sberbank: The Rebirth of Russia's Financial Giant* by Evgeny Karasyuk
- *To Get Ukraine* by Oleksandr Shyshko
- *Asystole* by Oleg Pavlov
- *Gnedich* by Maria Rybakova
- *Marina Tsvetaeva: The Essential Poetry*
- *Multiple Personalities* by Tatyana Shcherbina
- *The Investigator* by Margarita Khemlin
- *The Exile* by Zinaida Tulub
- *Leo Tolstoy: Flight from Paradise* by Pavel Basinsky
- *Moscow in the 1930* by Natalia Gromova
- *Laurus* (Dutch edition) by Evgenij Vodolazkin
- *Prisoner* by Anna Nemzer
- *The Crime of Chernobyl: The Nuclear Goulag* by Wladimir Tchertkoff
- *Alpine Ballad* by Vasil Bykau
- *The Complete Correspondence of Hryhory Skovoroda*
- *The Tale of Aypi* by Ak Welsapar
- *Selected Poems* by Lydia Grigorieva
- *The Fantastic Worlds of Yuri Vynnychuk*
- *The Garden of Divine Songs and Collected Poetry of Hryhory Skovoroda*
- *Adventures in the Slavic Kitchen: A Book of Essays with Recipes* by Igor Klekh
- *Seven Signs of the Lion* by Michael M. Naydan

- *Forefathers' Eve* by Adam Mickiewicz
- *One-Two* by Igor Eliseev
- *Girls, be Good* by Bojan Babić
- *Time of the Octopus* by Anatoly Kucherena
- *The Grand Harmony* by Bohdan Ihor Antonych
- *The Selected Lyric Poetry Of Maksym Rylsky*
- *The Shining Light* by Galymkair Mutanov
- *The Frontier: 28 Contemporary Ukrainian Poets - An Anthology*
- *Acropolis: The Wawel Plays* by Stanisław Wyspiański
- *Contours of the City* by Attyla Mohylny
- *Conversations Before Silence: The Selected Poetry of Oles Ilchenko*
- *The Secret History of my Sojourn in Russia* by Jaroslav Hašek
- *Mirror Sand: An Anthology of Russian Short Poems*
- *Maybe We're Leaving* by Jan Balaban
- *Death of the Snake Catcher* by Ak Welsapar
- *A Brown Man in Russia* by Vijay Menon
- *Hard Times* by Ostap Vyshnia
- *The Flying Dutchman* by Anatoly Kudryavitsky
- *Nikolai Gumilev's Africa* by Nikolai Gumilev
- *Combustions* by Srđan Srdić
- *The Sonnets* by Adam Mickiewicz
- *Dramatic Works* by Zygmunt Krasiński
- *Four Plays* by Juliusz Słowacki
- *Little Zinnobers* by Elena Chizhova
- *We Are Building Capitalism! Moscow in Transition 1992-1997* by Robert Stephenson
- *The Nuremberg Trials* by Alexander Zvyagintsev
- *The Hemingway Game* by Evgeni Grishkovets
- *A Flame Out at Sea* by Dmitry Novikov
- *Jesus' Cat* by Grig
- *Want a Baby and Other Plays* by Sergei Tretyakov
- *Mikhail Bulgakov: The Life and Times* by Marietta Chudakova
- *Leonardo's Handwriting* by Dina Rubina
- *A Burglar of the Better Sort* by Tytus Czyżewski
- *The Mouseiad and other Mock Epics* by Ignacy Krasicki

- *Ravens before Noah* by Susanna Harutyunyan
- *An English Queen and Stalingrad* by Natalia Kulishenko
- *Point Zero* by Narek Malian
- *Absolute Zero* by Artem Chekh
- *Olanda* by Rafał Wojasiński
- *Robinsons* by Aram Pachyan
- *The Monastery* by Zakhar Prilepin
- *The Selected Poetry of Bohdan Rubchak: Songs of Love, Songs of Death, Songs of the Moon*
- *Mebet* by Alexander Grigorenko
- *The Orchestra* by Vladimir Gonik
- *Everyday Stories* by Mima Mihajlović
- *Slavdom* by Ľudovít Štúr
- *The Code of Civilization* by Vyacheslav Nikonov
- *Where Was the Angel Going?* by Jan Balaban
- *De Zwarte Kip* (Dutch Edition) by Antoni Pogorelski
- *Głosy / Voices* by Jan Polkowski
- *Sergei Tretyakov: A Revolutionary Writer in Stalin's Russia* by Robert Leach
- *Opstand* (Dutch Edition) by Władysław Reymont
- *Dramatic Works* by Cyprian Kamil Norwid
- *Children's First Book of Chess* by Natalie Shevando and Matthew McMillion
- *Precursor* by Vasyl Shevchuk
- *The Vow: A Requiem for the Fifties* by Jiří Kratochvil
- *De Bibliothecaris* (Dutch edition) by Mikhail Jelizarov
- *Subterranean Fire* by Natalka Bilotserkivets
- *Vladimir Vysotsky: Selected Works*
- *Behind the Silk Curtain* by Gulistan Khamzayeva
- *The Village Teacher and Other Stories* by Theodore Odrach
- *Duel* by Borys Antonenko-Davydovych
- *War Poems* by Alexander Korotko
- *Ballads and Romances* by Adam Mickiewicz
- *The Revolt of the Animals* by Wladyslaw Reymont
- *Poems about my Psychiatrist* by Andrzej Kotański
- *Someone Else's Life* by Elena Dolgopyat
- *Selected Works: Poetry, Drama, Prose* by Jan Kochanowski

- *The Riven Heart of Moscow (Sivtsev Vrazhek)* by Mikhail Osorgin
- *Bera and Cucumber* by Alexander Korotko
- *The Big Fellow* by Anastasiia Marsiz
- *Boryslav in Flames* by Ivan Franko
- *The Witch of Konotop* by Hryhoriy Kvitka-Osnovyanenko
- *De afdeling* (Dutch edition) by Aleksej Salnikov
- *Ilget* by Alexander Grigorenko
- *Tefil* by Rafał Wojasiński
- *The Food Block* by Alexey Ivanov
- *A Dream of Annapurna* by Igor Zavilinsky
- *Letter Z* by Oleksandr Sambrus
- *Liza's Waterfall: The Hidden Story of a Russian Feminist* by Pavel Basinsky
- *Biography of Sergei Prokofiev* by Igor Vishnevetsky
- *A City Drawn from Memory* by Elena Chizhova
- *Guide to M. Bulgakov's The Master and Margarita* by Ksenia Atarova and Georgy Lesskis

And more forthcoming . . .

GLAGOSLAV PUBLICATIONS
www.glagoslav.com